挑戦のDNA

岐阜プラスチック工業代表取締役会長
大松 利幸

中経マイウェイ新書 056

目次

第一章　創業者　大松幸栄

父を手繰り寄せた運命の糸

当社は2021（令和3）年が創業68年に当たり、あと2年すれば節目の70周年を迎えることになる。

現在の業容は、前3月期のグループ連結決算で売上高979億円、経常利益96億円。社員数は2205人である。

前期は売上高1千億円超えを目標に頑張ってきたが、コロナ禍の影響もあり、残念ながら未達となった。今期は新社長のもとで、目標達成を成し遂げることができると思う。

当社はプラスチックの加工をなりわいとしている。販売単価の低い製品が多い中で、1千億円近い売り上げを上げることができるのは、ひとえに過去の社員も含めた全員の努力のたまものと感謝している。

さて、これからわが半生を述べていくが、どうしても最初は、私の父である創業者の大松幸栄のことから始めたいと思う。

父は1925（大正14）年、四国・愛媛県の中山町という奥深い山村で、7人兄弟の長男として生まれた。

この地域は農林業のほかにはさしたる産業もなく、あえて言うなら養蚕業があるくらいで、決して豊かとは言えない地域であった。

父は当然のように、農業を継ぐようにと言われて育ったが、この山村に埋没したくないと強く思っていた。

そんな父は、「農業に関する学校があれば行ってもよい」という祖父の言葉を頼りに、小学校を出ると松山市の農業中学へ進学し、やがて岐阜の農業専門学校（現在の岐阜大学応用生物科学部）へ進んだ。

しかし、どうしても農業に将来性を感じることができず、当時の日本の主力産業であった繊維産業に方針転換し、1年足らずで京都繊維専門学校（現在の京都工芸繊維大学）へ転学した。

在学中に関西の大手繊維会社への就職が決まっていたが、運命の糸が父を手繰り寄せたのか、岐阜の農業専門学校に在学していた時の寄宿先の娘であった母との出会いが、人生の分岐点となった。

卒業と同時に結婚したのだが、母は病弱であり、両親が娘を家から離すことを強く反対したため、父は岐阜へ戻らざるを得なくなった。このため、学校の教授の紹介で急きょ、先輩が社長をしている岐阜整染（現在の岐センン）へ入ることになった。

筆者近影

評判のやり手女性経営者

母の里は、岐阜市の南に位置する中山道沿いにあった。江戸時代には宿場町として栄えた加納宿の少し西に位置している。

祖母はそこで、代々屋根工事を家業としてきた工務店のひとり娘として生まれ、跡取り娘として、自然な成り行きで家業を継いだ。

近在の庄屋の次男を婿に迎えたが、男勝りであった祖母は、実質的にはすべての仕事を切り盛りし、祖父は業界の付き合いなど対外的な仕事をしていた。

このようにうまく役割分担を行い、温厚な祖父は趣味の囲碁に興じながら、幸せな生涯を送った人だった。中庭越しの座敷で囲碁にふける祖父の姿が、今でも目に浮かぶ。

祖母は毎朝、職人たちを店の前に集め、仕事の采配をした。テキパキと指示する手際の良さを、子供ながら感心したものだった。

職人たちを送り出した後は、店に入って内回りの仕事をするのだが、やり手の女性経営者ということで、周囲の評判だった。祖母の家で起居をともにしていた私たち親子も、この祖母からさまざまな影響を受けた。

当時の父は、会社に勤める身でありながら、会社の同僚や部下をよく連れてきた。

母は飲食の用意に大変だったが、酒が入るものだから、最後はどんちゃん騒ぎになる。それを温厚な祖父も、肝の太い祖母も、見て見ぬ振りをしていた。父は良心が咎《とが》めるのか、会社が休みの時には時折、屋根工事の手伝いをしていた。

父は普段から、祖母のことを商人として大変尊敬していた。祖母に接して、学ぶことも多かったのだろう。

工務店は40人程度の規模だったが、祖母は人使いがうまく、事務を手伝っていた母も「集金が上手だ」とおだてられて、得意になっていた。

失敗もあった。ある日、がっちりしたこわもての中年男が事務所へやって来て、「こんな工事に金は払えない」と盛んに大声を張り上げた。

そこにたまたま居合わせた父は、あまりの理不尽さと傍若無人さを許せなかったのか、突然、目にも止まらぬ速さで靴を脱ぐと、気合もろとも相手の両頬をたたいたのである。

相手はあっけにとられ、魂を抜かれたようにキョトンとしていた。「戦争の時の上官のビンタを思い出した」と、その人は後で言っていたそうである。

やり手の美人で評判だった祖母

広がる父の交流の輪

岐阜に腰を落ち着けた父は、学校の先輩の山口遵三（初代社長）という人が社長をしていた岐センで働くことになった。大手繊維会社の傍系会社だったが、社内には活気がみなぎり、父には「ここで頑張る」という気概が溢れていた。

仕事に熱が入ると勤務時間内に収まらず、社員たちを家へ引き連れてきて、飲食と盛んな議論が始まり、時にはどんちゃん騒ぎになった。

戦後間もない頃は、今のような食事をする店がほとんどなく、どうしても自宅での会食が多くなる。人を招き入れることの好きな旦那の奥さんは、さぞかし大変だっただろう。

父は山口社長から大いに信頼を得ていて、最初は営業の仕事をしていたが、入社1年足らずで人事部を任され、労働組合をつくるよう指示された。当時は戦後の混乱期で、日本社会党委員長の片山哲が社会党内閣を組閣したように、左派勢力の強い時代だった。

父も日頃から、人々を貧しさから解き放ち、平等な社会をつくらなければという考え方に賛同していたので、この仕事は大いにやりがいがあった。

やがて岐阜県の地方労働委員会にも出向したりして、会社の仕事だけでなく、各方面で活発に活動した。地域の青年団からもその人望が見込まれ、団長に指名されたりもした。岐阜になじみの少なかった父も、このような活動を通じて交流の輪が広がっていった。

人をまとめることの好きな父の性格を見込んで、「市会議員に出ないか」との誘いもあった。当時の市役所のある部長が父にすっかりほれ込み、盛んに勧めたのだ。

その部長は、祖母をはじめ家族中が猛反対しているのを知ってか、私と母を自宅に招いて食事を振る舞ったりしたが、結局、父は断念した。その部長は、いずれ自分が市長に立候補する時、父を参謀にしたいとの目論見があったと、母は後に語ってくれた。

ともかく、会社の人、青年団の人、役所の人など、まさに有象無象の人が集まってきて、家の中は毎日が宴会場さながらだった。

もともと体が弱かった母は、ついに体力が限界を越えたのだろう。ある日、救急車で病院へ運ばれた。肺炎を発症したのだ。日頃は大目に見ていた祖母も、「もっと自粛するように」と父を強く戒めたようだった。

学生時代の父、大松幸栄

創業への決断

母の病を機に、父は自分の将来について真剣に考えるようになった。

政治家になりたくても、一介のサラリーマンにはそれだけの軍資金がなく、いかんともしがたい。かといって、このまま会社勤めを続けるのも自分の性格には合わないし、いずれどの道に進むにしても、リーダーとして振る舞えるような立場でありたい。

そんな思いが脳裏を駆け巡る中、「実業をやろう」という思いがだんだん強くなってきた。

やるからには、夢を持って進めるような事業を立ち上げたい。夢のある仕事。将来性のある仕事。頭が割れんばかりに必死に考えるのだが、なかなか思い浮かばない。

いろいろ思いを巡らしているうちに、京都の学校で習った高分子化学の授業が思い出された。その教授は「これは将来性のある新しい産業だ」と言っていた。

明確で具体的なイメージはなかったが、漠然とした思いのまま「これに絞ろう」と心に決めた。

専門書を買い求めて読み進めていくと、高分子化学、合成樹脂、プラスチックという用語に目が止まった。

「そうか、海の向こうにはプラスチックという産業があるのか。よし、これに決めよう」と、父の気持ちは固まった。

いつものことながら、決めてから実行に移すのは速く、まず岐センの山口社長に退社願いを申し出た。山口社長は反対し、思い止まるよう説得してきた。

「君はなくてはならない人材だ。どうせ政治家にでもなりたいのだろう。今度の市会議員選挙に立候補するつもりなのだろうが、考え直せ」と諭したのだ。「いえ、私はプラスチックという商売をしたいのです」と、父は自説を展開し、産業の将来性を熱心に説明した。

山口社長はとうとう根負けし、「そこまで決意が固いのなら頑張り給え。悩んだりしたら、遠慮なく相談に来なさい」と、最後はエールを送ってくれた。

父は「山口社長には本当にいろいろと世話になったが、自分なりに義理は果たしてきたつもりだし、立つ鳥跡を濁さずで、今後、迷惑をかけることはない」と思っていた。

ただ、自分勝手なわがままに付き合わせている妻には、心から申し訳ないと思い、一刻も早い病気の治癒を願うのだった。

岐阜整染時代の父（左、隣が学校の先輩である山口社長）

何を作るべきか

父が創業を思い立った頃、私はちょうど保育園へ通っていた。都合のよいことに、母の病院は保育園へ通う途中にあった。祖母の工務店のお手伝いさんに連れられて保育園から帰る途中、ほんの短い時間だったが、母の所へ立ち寄るのが楽しみだった。しかし、別れて帰る時はとても切ない気持ちになった。

不思議なことに、父が起業の準備を始める頃になると、母の病気は治り、一緒に暮らせるようになった。

父はプラスチックについてあれこれ調べたが、調べれば調べるほど、日本ではまったく新しい産業であることに気づかされた。

プラスチックに関する書物が少ない中で、やっと「プラスチック便覧」という本を探し出したが、さっぱり理解できなかった。機械設備、原料など、学ぶべきことはたくさんあるのに、このような状態では何年かかっても前へ進むことができない。

そこで、父は再び学校の教授や先輩を頼り、相談に乗ってもらっていると、ある先輩から「プラスチックで何を作りたいのか、もっと具体的に絞らなければだめだ」とアドバイスされた。

父はかつて紡績工場で糸を巻く木製のボビンが壊れやすいのを目の当たりにしており、「これをプラスチックに替えたいと思っている」と述べた。すると、「それならば、岐阜の垂井にある紡績工場を訪ねなさい」と橋渡しをしてくれた。

訪問した工場の人は熱心にアドバイスしてくれたが、当時手に入る樹脂では強度が足りず、何度試みても失敗に終わった。父は「自分が思い描いていたほど、プラスチックは強くないのではないか」と失望感を抱いた。

しかし、「プラスチックはまだ緒についたばかりであり、今後、物性は日進月歩で進化していくに違いない」と思い、「今はもう少しグレードを下げて、無理のないものから作ろう」と考え直した。

いずれにしても、このままでは母子を路頭に迷わせかねないので、どんなことをしてでも仕事を始めなければならない。そこで、苦しい中ではあったが、恩師に頼んで、大学の後輩である片山紀章という青年を紹介してもらい、ここから父とのふたりによる仕事探しが始まっていくのである。

岐阜プラスチック工業
第１号社員の片山紀章さん

全国の百貨店へ次々納品

仕事探しの行動範囲は、関西・中京方面に絞った。東京方面は今と違って片道7時間以上かかるので、あきらめたのだ。

関西出身の片山さんは頑張って、注文探しに奔走したが、プラスチックという言葉すら知られていない時代であり、何カ月経っても朗報がなく困り果てていたところへ、「大阪の関西プラスチック商会という卸屋さんがメーカーを探している」との話が舞い込んできた。

早速訪問してみると、社長はプラスチックにくわしく、「今までセルロイド製品を扱っていたが、これからはプラスチックの時代なので会社名を替えたところだ」と、夢のある話をしてくれた。

そして、父に製品を見せて「この化粧品を入れるパフケースは、今まではセルロイドで作っていたが、光沢を出すためにプラスチックに代えたいと思っている。やれるかね」と質問してきた。

父は「はい、やれます」と即答し、すぐに岐阜へ戻って金型の設計に取り掛かり、材料を手当てした。失敗に終わったが、ボビンの試作を経験していたので、それほど苦労することなく製品は完成した。

光沢のある見事な出来栄えに、関西プラスチック商会の社長も「うーん」とうなった。市場の反応も良く、全国の百貨店に次々と納品されていった。やがて岐阜の百貨店のショーケースにも並ぶようになり、それを見た母や従業員は大いに喜び、感動してくれた。

その後、関西プラスチック商会から新しい注文が次々に舞い込んできたが、当時はプラスチックの黎明期《れいめい》であり、機械も材料も無い無い尽くしの状況で、すべてが暗中模索の時代だった。

ただ後になって、欧米ではすでにプラスチック産業が存在していたことが分かった。

デュポンは1930年代にナイロンストッキングを製品化していたし、戦闘機も軽量化するため、さまざまな部品にプラスチックを採用していた。撃ち落とした米軍の戦闘機を分解し、日本の専門家はそのことを知っていた。

ナイロンストッキングを揶揄《やゆ》して「戦後、女性と靴下は強くなった」と言われるなど、日本では一般にプラスチックが戦後に生まれたように認識されているが、それは違うのである。

成型機第１号
（ほぼ試作機に近い機械だった）

成長を支えた内助の功

関西プラスチック商会からの大量の注文によって、売り上げが急激に増大してきたため、機械設備を増設し、工場を拡張しなければならなくなってきた。うれしい悲鳴だったが、人の採用も大きな課題だった。

戦後の日本経済の原動力であり、その礎をつくったのは、多くの中小企業であったと言っても過言ではない。それを形にしていった経営者や働く人たちは立派だったが、忘れてならないのはその陰に多くの内助の功があったことである。

当時の日本は今の中国のように、農村は貧しく、都会へ出て働く若者がいっぱいいて、さまざまな企業が吸収していった。中学や高校を卒業したばかりのまだ少年と言ってもいい子供たちが、住み込みで働くのである。

この時、受け入れ役として重要な役割を担っていたのが社長の奥さんだった。まさに自分の子供ように面倒を見るのである。寝食はもちろん、なかには夜学にも行かせ、成長すると嫁さんまで探した。

私の母も大変だったと思う。毎朝、早く起きて従業員の食事を作る。三種の神器と言われた電化製品がまだ登場しておらず、エネルギー源はすべて薪《まき》の時代だった。

朝食がすんだら後片づけをし、洗濯板でごしごしと洗濯をして、それが終わるとすぐに工場に入り、製品のバリ取りをする。昼食近くになれば昼食を作り、後片付けをして、帳面や伝票づくりのために事務所へ入る。

夕方近くになると、洗濯物を取り込んで、夕食と風呂の仕度である。そして、後片付けをして、やっと就寝ということになる。

毎日毎日がこれの繰り返しであり、従業員が成長すれば結婚の世話が待っている。一週間のうちの唯一の休日である日曜日は、見合いから婚約、結婚式やらで潰れてしまい、時には九州や四国へ飛び、何日もかけて世話をすることもあった。

このような内助の功があってこそ、父も気兼ねなく仕事ができたのであり、口には出さなかったが大いに感謝していただろう。

多くの中小企業の経営者は、同じような環境の中で頑張ってきた。こうしたことは、経営書などにはほとんど出てこないが、日本企業の成長物語の忘れてはならないエピソードではないだろうか。

会社設立前の大松幸栄と妻の節子

注文の急増と技術の蓄積

産業の黎明期に事業を立ち上げるのは、どの産業でも実に大変である。製造業の場合はなおさらではないだろうか。

父の場合も、材料も機械も付属設備もほぼゼロの無い無い尽くしの状態であり、当初は随分、戸惑ったはずである。手探りの状態で機械メーカーを探し、原料の調達先を調べて、徐々に生産体制を整えていった。

導入した1号機は試作機に近いような機械であり、頻繁に故障するので、機械を直しているのか生産しているのか、分からない状態だった。金型も近くの鉄工所で互いに知恵を絞りながら、ああでもないこうでもないと言いながら、作り上げていった。

立ち上げ当時は、原料のプラスチックを作っているところは国内では皆無で、アメリカから材料問屋を通して輸入していた。プラスチックが国内で生産されるようになったのは、昭和30年代に三菱や三井、住友などの旧財閥系が石油化学会社を設立してからである。

そういう意味では、わずか数年の間にわが国のプラスチック産業は急激に発展していったのであり、加工メーカーも昭和30年代に入ると雨後の竹の子のように作られていった。

関西プラスチック商会も爆発的な需要の伸びを背景として、日用品を中心にさまざまな製品を注文してきた。成型技術はもちろん金型の技術も含めて、多様な要求が持ち込まれた。これに応えるため、製品の表面に亀甲のようなデザインをしたり、カットガラスのような細工をしたり、さまざまな工夫をし、技術を蓄積していった。

機械は相変わらずよく故障し、生産しているのか修理しているのか分からない状態が続いたが、だんだん修理のポイントが分かってきて、安定して生産できるようになってきた。旺盛な注文によって従業員も急増し、3年の間に30人近くになった。

経営は楽とは言えなかったが、従業員への感謝とこれからの頑張りを託して、1955(昭和30)年の年末にはボーナスが出た。大会社を除いて、ボーナスを支給するのは珍しかった。秋には下呂温泉へ慰労のための社員旅行を行った。

ところが、状況は一変してしまう。「好事魔多し」とはこのことだった。

関西プラスチック商会に納入していた製品

あわや倒産の危機

父はある日、関西プラスチック商会の良くない噂を聞いた。多少山っ気のある社長だったが、事業が伸びるごとに自信を持ち、背伸びを始めたことが、破綻をきたす原因となったようだ。

売り上げのすべてを関西プラスチック商会に依存していた当社も、倒産しかねない運命となった。

債権者会議に出席した父は怒号の中で「死んだ子の年齢を数えても仕方がない」と思い、早々に引き上げて、帰りの列車の中で「今後、どうすべきか」を考えた。振り出した手形や社員の給与のことを思うと、立ち止まっている余裕はなかったのだ。

銀行取引のなかった父は、初めて融資を頼みに行った。取引のない小さな企業に融資してくれる銀行はなく、どこへ行っても断られた。そして、わらをもつかむ思いで岐阜信用金庫千手堂支店を訪ねた。

支店長はよく話を聞いてくれて「それなら理事長のところへ行きなさい」と本部へ話を通してくれた。父は河合甚助理事長に会いに行った。

河合理事長は父の必死の説明に耳を傾けてくれて「すぐにうちの者を工場へ行かせましょう」との回答を得た。そして、その日のうちに工場へ職員を派遣し、査察をして、翌日には融資が決まったのだった。

父は常々「河合理事長には足を向けて寝られない」と母に言っていた。

あの時代の経営者の多くは、命懸けで金繰りの修羅場をくぐり抜けてきただろうし、銀行にも肝の据わった人たちが結構いたのではないだろうか。

次の展開を考えていた父は「プラスチックの日用雑貨品を作って自分で販売しよう」と考えた。そして、関西プラスチック商会の社長にこれまでの感謝の気持ちを伝え、「社員を全員引き受けたいのですが」と申し出た。

関西プラスチック商会の社長は涙を流さんばかりに喜び、「すごい剣幕で罵声を浴びせかけてくる人ばかりだが、感謝の言葉だけでなく、社員まで引き取ってくれるだなんて仏さまのような人だ」と手を合わせた。

父は「わずか数年の取引だったが、関西プラスチック商会のおかげで技術も学べたし、自信もついた」と心の底から感謝し、「これからは自分の力で頑張っていこう」と決意するのだった。

当時の岐阜信用金庫本店(昭和28年)

「全天候型」の会社を目指す

関西プラスチック商会は、東京と大阪に営業所を置いていた。父は頻繁に東京や大阪へ出掛け、現地の所長とともに顧客開拓に精を出した。

幸いなことに、引き続き支援してくれる取引先が多かったし、技術に裏づけられたしっかりした製品を作るという評判が定着していたので、売り上げは順調に伸びていった。

しかし、ノーブランドでは十分な信頼が得られないことから、ブランド名をつけることにし、「誰からも愛されるように」と「リスマーク」を決めた。

売り上げが伸びるに従って、だんだん他社から真似されるようになり、ある大企業との間で特許の係争事件も起きた。これには予想外の費用と時間を要し、父は知財の重要さ思い知らされた。

会社は超多忙となり、それまでの工場ではすべての受注がまかない切れなくなってきたが、父はそれに満足しないで、「今は日用雑貨品を主にしているが、もっといろいろな分野の製品を手掛け、一本足ではなく、何本も足を持つ全天候型の会社にしたい」と思うようになった。

マーケットは大きく言えば衣食住の三つだが、「衣」は無理としても、「食」と「住」に関連するものを手掛けていこうと考えたのだ。

住み込みの社員と囲む家の食堂は、ひとつの座学の場でもあった。毎晩の食卓では、誰からともなく日々の仕事についての話が出る。すると会話が弾んでいき、販売会議や生産会議さながらの場になっていくのである。

父が学ぶことの大切さを力説し、自らの考えを述べれば、社員の中には本屋で専門書を買い求め、進んだプラスチックの情報を解説する人もいた。

故障した機械を前に立ち往生していた頃に比べれば、大変な進歩であり、やがて図面を書いたり、設計ができるようになっていき、旋盤などの工作機械や溶接機械を修理できる者も出てきた。

夕食の食卓では、社員のほうから会社の将来について話が出ることもあった。すると父はそれに応えるようにして「事業の幅を拡大し、日用品だけでなく、包装資材や産業部品、建材などさまざまな分野に挑戦していきたい」と自身の思いを語った。

社員の目を見詰めながら、父の話は熱を帯びていき、いつしか夜は更けていくのだった。

母（前列中央）を囲む住み込みの寮生たち

成長への躍動

その頃の日本は、池田勇人内閣の唱える所得倍増の波に乗って高度経済成長にまい進し、活発な財政の運用によって、道路など社会インフラ充実のための公共投資が推進されていた。生活関連投資も重点的に行われ、その一環として下水道の整備が進められた。

これに使用されるパイプや継手には、鉄管のほかにプラスチックも使用されるようになり、大手の久保田鉄工所（現在のクボタ）や積水化学工業などはいち早くこの事業に乗り出し、パイプを引く押出機の投資を盛んに行っていた。

パイプとパイプをつなぐ継手には、サイズや形に応じてさまざまな種類がある。このため、たくさんの金型が必要になり、装置産業的なパイプ事業と違って、どちらかといえば中小企業向けの事業である。

このように分析した父は「パイプメーカーが個々に継手を作っていては、たくさんの金型が要るしお金もかかる。一社がまとめて作ったほうが効率的ではないか」と考えた。

そして、「パイプメーカーから金型代を拠出してもらい、当社がまとめて作り、それを各社に配る」という事業計画をまとめ上げた。

これを実行するため、久保田鉄工所と取引のあった中外貿易（現在はＣＢＣ）の重役を通して、当時の久保田の社長、小田原大造氏に面会を申し込んだ。

すると、「会ってもよい」との回答が返ってきた。会社ではなく、当時の大阪商工会議所の会議室へ来てほしいとのことだった。

天下の久保田の社長からすんなり面会を許されたことに驚きながら、父はさっそく会いに行った。

かなり後になってからのことだが、その時、父を案内した中外貿易の佐藤さんという方が当時を思い出しながら「あんたの親父はビルの前に立つと、ちょっと待ってくれと言いながら、何回も深呼吸していた」と懐かしそうに話してくれた。

父は小田原社長の前で事業計画書を広げてとうとうと説明し、数分の約束が30分になったそうである。そして、「後日、返答する」ということになった。しばらくしてその事業を進めることになり、久保田鉄工所を中心にパイプメーカーが数社集まって「爽水会」という組織を立ち上げ、継手事業が始まっていった。

三里工場をバックに右２人目から父幸栄、
母節子、片山ら

次々に事業を立ち上げる

パイプの継手に加え、父の考えていたもうひとつの新しい事業は「食」の分野だった。

食べ物を流通させるには、それを包む包装材が欠かせない。プラスチックであれば、それそのものが強靭《きょうじん》であるし、水にも強い。容器にすれば中の物が崩れない。

「このような特徴を十分に生かすことができれば、市場の将来は無限に広がるのではないか」と父は考えた。

1960（昭和35）年、伊藤忠から「PVC（ポリ塩化ビニル）のシートを使って、真空成型機でプラスチック容器を作ることができる」という話が舞い込んできた。

そんな折、三菱モンサント化成の誘いを受けて、アメリカで開催された「食品包装展」を見に行った。父は米国経済の発展ぶりと懐の深さに強い感銘を受けると同時に、ショーで見たプラスチックの包装容器に大きな将来性を感じた。

帰国すると、さっそく機械を輸入してPVCの容器を生産した。「ボンカップ」と命名したこの容器は、当社の大ヒット商品となった。

このように事業を次々に立ち上げていく中で、大きな工場用地が必要になってきた。頭の中で描いていることを実現するには、2万坪が必要になる。「さて、どうしたものか」と思案していると、かつての政治活動の人脈が役に立った。

当時、郵政大臣をしておられた大物政治家、野田卯一先生から「各務原の木曽川沿いに、希望の2万坪には届かないが、1万6千坪の形のいい土地がある」との紹介を受けて、購入することができたのだ。

父は野田先生に大変な恩義を感じ、孫の野田聖子議員が県会議員、国会議員となられる時には、熱心に支援活動を行った。

母は選挙嫌いだったが、この時ばかりは「会社がお世話になっているから」と応援を惜しまなかったので、父は大手を振って支援活動に打ち込むことができた。

野田聖子議員は、毎回首相候補に名前が上がるほどの政治家になられ、父が生きていれば、感慨深げにその姿を眺めていたことだろう。

余談だが、このような事情によって母の縛りから解き放たれたのか、本来は政治好きだった父は、政治家の支援活動にのめり込んでいくことになる。

建設中の稲羽工場(各務原市、昭和36年)

全国の農協や漁連を回り市場開拓

各務原の稲羽工場の用地は、新規事業の拡充によって見る見るうちに埋まっていったが、1万6千坪はやはり広大で、拡張の余地はまだあった。

従来の日用品事業の売り上げは、順調に拡大していったが、小さな物が多く、大きな製品は少なかった。

しかし、射出成型機の技術の進歩にはすさまじいものがあり、型締めの圧力の大きな機械が作られるようになり、付帯する金型も大型のものが作られるようになってきた。原料メーカーもより強靭な樹脂を開発し、大型の成型品の製造が可能になってきた。

こうした流れの中で、ビール用の箱とか、ミカンなどを入れる農業用の箱など、三菱油化（現在の三菱化学）から大型成型品の用途開発の話が持ち込まれた。

市場開拓も含め、共同で進めていこうというもので、農家や漁業の現場へ行き、使用に耐えらるかどうかの実験を開始した。

大型トラックに、プラスチックの箱をひかせる。一度はペチャンコになるが、見事に復元する。見ていた人たちから驚きの声が上がる。全国の農協や漁連を回り、こうした手品のような実験を披露しながら、いかに優れた製品であるのかを確認してもらうのである。

なぜそのようなことをしたかというと、当時はプラスチック製品に対する疑心暗鬼が強く、ビールメーカーからでさえ「5年間保証してくれるのなら買う」などと言われたりした。

実際は5年間どころか半永久的に使われており、「まだ使えるが、汚くなったので美観上替えてくれ」と言われるほど長持ちしている。

当時の父は、一流大学を出たばかりの原料メーカーの若い人たちと寝食を共しながら、全国各地を回り、市場を開拓していった。

結果として、三菱油化はポロプロピレンの「BC―8」という耐衝撃性や耐久性に優れた樹脂製品を開発し、三井東圧（現在の三井化学）も「BJS―MG」を開発するのである。

ちなみに「BJS―MG」の「M」は三井、「G」は岐阜プラスチックの頭文字であり、その後、プラスチックコンテナ用として瞬く間に普及していき、多くのコンテナメーカーが設立されていくのである。

キリンビール向けのコンテナ(第１号の出荷風景)

どこの会社にも色があり匂いがある

起業してからの10年余りを振り返ってみると、父は仕事に没頭していてそれ以外は何もしてこなかったように思い、「致し方ないことだが、人間としてもっと成長したい」と考えるようになった。

そして、「人間としての器を大きくしたい」「もっと書物を読みたい」「勉強して立派な経営者になりたい」との思いが、日増しに高まってきた。

その頃、あるセミナーで松下幸之助氏の話を聞く機会があった。質問のチャンスがあったので、父はこれを逃してはいけないと思い、「会社経営には何が大切ですか？」と質問した。

松下氏は丁寧に答えてくれた。

「どこの会社にも色があり、匂いがあり、それらは、その会社を経営する人や会社を持ち上げてくれる社員が、自分たちで自然に作り出しているのです。そして、この色や匂いがなければどんな会社でも、早晩、消えてしまうでしょう」

父はもう少し具体的に知りたく思い、重ねて尋ねた。

「会長さんは社員をどのように養成し、幹部を育成されてきたのですか？」

松下氏はしばらく間を置いて言った。

「それは君が社長として、自らの哲学を考え、それに従って行うことではないでしょうか」

父はその場でははぐらかされたように思ったが、帰りの列車の中で反芻《すう》しているうちに、その意味が分かるような気がしてきた。そうなのだ。自分には哲学がなかったのだ。

しかし、5年前から会社の理念を確立するために、1年ごとに社是をつくり、1962（昭和37）年にようやく、次のような「社是五訓」が出来上がっていた。

一、信頼　社員はお互いに信頼し合って会社の発展に努めよう

二、団結　社員はお互いに団結しあらゆる苦難に打ち勝とう

三、開拓　社員はお互いに新分野の開拓に努め向上をはかろう

四、奉仕　社員はお互いに企業の公共性を認識し製品を通じて社会に奉仕しよう

五、健康　社員はお互いに健康に留意し健全な楽しい生活を送ろう

父は「これを企業哲学とし、皆で唱和することにしよう」と心に決めた。

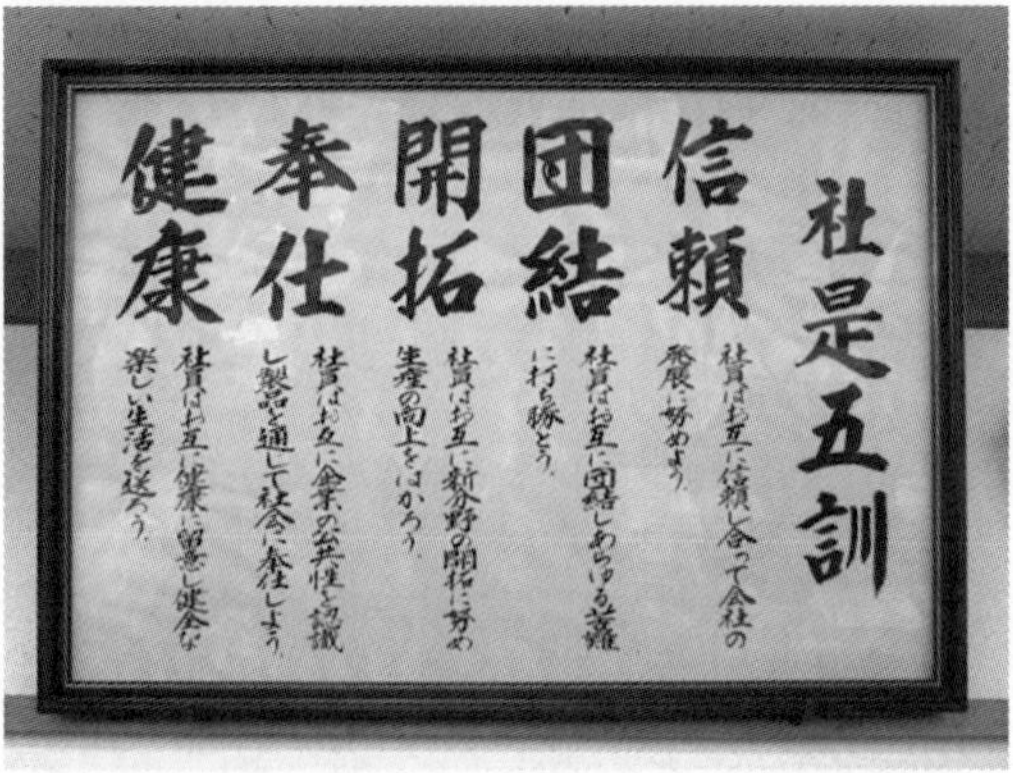

5年間をかけて積み上げてきた「社是五訓」

第二章　私の生い立ち

放任主義の環境の中で

ここで少しプレイバックして、私の生い立ちを話してみたい。

私は1946（昭和21）年11月8日、岐阜の祖母の家で生まれた。すでに書いてきたように、私は常に多くの人に取り囲まれて育ってきた。

そんな私は、自然と耳年増の妙にませた少年に育った。同級生が遥か年下に見えてしまい、「何て幼稚なことをしゃべっているのだろう」と思っていた。

家の中は絶えず喧騒に溢れ、今思えばきちんとした勉強机もなく、どこで勉強していたのか思い出せないくらいである。そのためか、宿題を忘れ、よく先生に叱られたことは覚えている。

当時はどこの親も総じて子供のことには関心が薄かったと思うが、私の場合はその中でも格段に大らかな放任主義の環境で育ってきたと言えるのではないだろうか。そのことに不満を抱いたことはなかったし、喧騒の日々の中ではそのような思いが入る余地もなかった。

今となっては笑い話だが、普段から仕事で頭がいっぱいの父が、私への罪滅ぼしのつもりだったのか、高校受験の時に「会場まで車で送ってやる」と言い出した。そして、会場に着くと「帰りはここで待っていろ」と言い残して去っていった。

しかし、試験が終わっても、待てど暮らせど現われない。「どういう冷たい人間だ」と、私は怒り心頭で、トボトボと歩いて家へ帰った。

確かに表面的には、父の子供に対する愛情が不足しているように見える話だが、私は子供として父の置かれている状況は十分理解しており、このような出来事に対しても愛情がないと思ったことはなかった。

ともかく、そのような環境の中で少年時代を過ごし、無事、県立岐阜高校へ入った。当時は全県1区の時代で、県下のどこからでも受験できるので、県内の秀才が集まってきた。

放任主義の環境の中で育ってきた私は、おつに澄ました秀才タイプがどうも苦手で、雰囲気になじめず、勉強以外のことのほうに関心がいってしまった。

太宰治の妖しげな文体の虜になり、洋画に夢中になり、米軍が極東向けに流していたＦＥＮの音楽に酔い痴れて、勉強のほうにはまったく関心が向かなかった。

職住一体の生活をしていた少年時代の筆者と母

欧米文化にあこがれる

親が放任主義であるのをよいことに、私は理由をつけては学校を早退し、よく映画を観に行った。

当時、岐阜の中心繁華街には3つの洋画専門館があり、その頃、第1次リバイバルブームで「ローマの休日」「エデンの東」などの名画が続々放映されていた。

自転車を駐輪場に預けて映画を観るのだが、ある日、すでに顔なじみになっていた駐輪場のおじさんが「生活補導の先生が来て、君の自転車の監察番号を控えていったよ」と教えてくれた。

翌日、私と母は職員室に呼ばれ、厳重注意を受けた。母は平身低頭で、「親の不行き届きです」と担任の先生に盛んに謝った。さらに「このままでは落第だ」と厳しく言われたので、さすがに改心せざるを得なかった。

しかし、しばらくはおきゅうが効いていたが、いつの間にか元の木阿弥になってしまった。

このように欧米文化にあこがれていた私は、英語だけは頑張っていた。そのおかげなのか、運よくストレートで慶応大学法学部へ入学することができた。「さあ、大学生活だ」ということになったのだが、ここでまた変な虫がうずき始める。高校の頃の映画や音楽の影響で、とりわけアメリカ文化の魅力に取りつかれていた私は、大学へ入ったら是が非でも渡米したいと思っていた。

ある日、このことを父に言うと「若いうちにあの超大国を見ておくのもいいだろう」とあっさり許してくれた。夏休みは絶好のチャンスなので、さっそく渡航手続きを開始した。

昭和40年当時、学生の分際でアメリカへ旅行に行かせてもらえるのは、よほどの金持ちのボンボンか何かという感じであり、同級生からうらやましがられたりした。

結構、厳しい渡航制限があり、領事館へ行って3カ月間の観光査証をもらい、持ち出し外貨も確か3千ドルに制限されていた。

驚くべきことに、それから瞬く間にジャルパックに代表されるような海外旅行ブームが到来し、海外旅行は当たり前になっていった。

翌日に見送りに来た同級生に冷やかされながら、私はアメリカへ飛び立った。当時の旅客機はプロペラ機で、ハワイへ給油のために立ち寄ってから行くという状態だった。

映画と音楽と小説に明け暮れた日々
（高校２年生の筆者）

ニューヨークの夜景

航空機は給油でハワイに立ち寄った後、無事サンフランシスコに到着した。私は父の書いた紹介状を手に、三菱商事サンフランシスコ支店の三星さんという人を訪ねた。

三星さんは残念ながら10数年前に亡くなられたが、紹介状を1通持参しているだけの20歳にも満たない私を快く迎えてくれて、その晩はきれいな奥さまとかわいい男の子のいる自宅で歓待を受けた。

これからどうするのかを聞かれ、「何も考えていません」と答えると、その無計画さに大層驚かれて「グレイハウンドバスという、米国内であれば3カ月間乗り放題のフリーチケットがあるので、それを利用するとよい」と勧められた。

さっそく翌朝、ホテルを出発し、バスの発着所でチケットを購入して、バスに乗り込み、東へ東へとアメリカの旅へ出た。

西部から中西部、東部へと進んだが、考えていた以上に広くて豊かな国を身をもって体感し、異なる多様な人々にもふれ、感受性に溢れていた私は強い衝撃を受けながら旅を続けた。

1カ月ほどして、ついにあこがれのニューヨークに着いた。

生き馬の目を抜くとはこのことなのか、車のクラクションに交じってパトカーのサイレンが激しく鳴るなど、独特の喧騒感がある乾いた街ニューヨークに、妙に何かを期待させるかのようなぞくぞくした気持ちになったことを覚えている。

父の紹介状を携えた私は、米国三菱商事副支店長の小川さんを訪ねた。学生の分際でありながら、天下の三菱商事の副支店長を訪問する当時の私は、かなり厚かましかったと思うが、青二才に紹介状を持たせた父も、相当な心臓の持ち主だったのかもしれない。

「夕食に家へ来なさい」と言われ、私は何も考えないで遠慮なくおじゃました。今から考えると軽率な自分にぞっとなる。何も持たないで、まるでごく親しい親戚の家にでも行くかのようなノリで訪問したからだ。

セントラルパークの近くにあるその高層マンションは、室内のたたずまいも素晴らしく、眼下に広がる夜景は宝石のようで、私は別世界にいるような心地よい気分になり、やはりニューヨークは期待通りの街だと感動した。

サンフランシスコの咸臨丸記念碑の前で
（三菱商事の三星さんのお子さんと）

許容と受容心の広い国

米国三菱商事副支店長の小川さんの自宅ではその夜、大変ごちそうになり、世間知らずな私もさすがに恐縮の至りで、身が縮むような思いだった。

その時、アメリカへ留学しているお嬢さんが来ていて、翌日、通っている大学を案内してくれた。

その大学には、外国人のための語学研修プログラムの短期コースがあって、在学証明書があれば簡単に入れるとのことだった。

そこで、日本の友人に電話をし、大学の学生課で取得して送ってもらった。書類が整うとすぐに申請し、観光ビザをスチューデントビザに変更した。住まいは、ハドソン川沿いの「リバーサイドホテル」という名前だけは立派な短期滞在専門の安アパートを確保した。

お嬢さんは私より年上のとてもチャーミングな人で、セントラルパークの散策や美術館めぐりなど、いろいろ案内してもらい、楽しい日々を過ごした。ある日、宿へ戻ると「中間期末テストが始まる」という友達からの電報が来ていて、私は我に返った。もう8月の終わりだった。

小川さん夫婦からは、すぐ帰るよう勧められたが、「もう少し南部を回って帰ります」と、皆の心配をよそにグレイハウンドバスに乗り込んだ。季節は秋に入ろうとしていた。

ニューオーリンズはじめ南部の町には古き良き時代の風情があり、去りがたかったが、大学のことを考えると脳天気な私もさすがに焦り、ロス経由で一路日本へ飛び立った。

短い旅だったが、アメリカという国にもっとも深く感銘を受けたのは、許容と受容、すなわち心の広い国であることだった。

例えば、語学を早く取得してアメリカになじめるように、大学だけでなく、大企業の工場などの職場でも実践的な英語教育をほどこすなど、国家全体でコスモポリタンな国づくりを行っているように思われた。

中国の若者にも教育を寛大に開放し、現在は皮肉にもその副作用に悩まされている形だが、懐の大きなアメリカの世界に対する貢献は尊敬に値すると思う。

結局、中間期末テストには間に合わず、友人が一緒に学生課へ行ってくれたが、職員からは自業自得だと言われ、納得するしかなかった。

グレイハウンドバス
(乗り降り自由のフリーチケットは3カ月99ドル)

社長室へ「ついて来い」

翌年、大学から留年通知が来て、父からはひと言、「ばかな奴だ」とあきれ顔で言われた。しかし、くよくよしていても仕方がない、楽しい大学生活を送ろうと思い直し、友人の誘いもあって「ライチウス」という会に入った。フィンランド語で「清純」という意味らしく、慶応大学の文化団体連盟の中では相当古いクラブであり、今年（２０２１年）で91年の歴史がある。「広くボランティア活動を通じて世の中の役に立とう」というのが活動方針の骨子で、具体的には恵まれない子供たちの施設に訪問して、人形劇や楽器演奏などのアトラクションを行い、慰問する活動を行っていた。

部員は百数十人もいて、男子学生の多い大学には珍しく、部員は男女半々だった。ミッション系の女子高校から来た女学生が多く、お陰で楽しい学生生活を送ることができた。

楽しい時間はあっという間に過ぎていく。相変わらずのんきに過ごしていた私も、いよいよ社会へ出ていかなければならなくなった。

私は「卒業したら父の会社へ入ればいい」と思っていたが、ある日突然、父から電話が掛かってきた。「お前の就職先を決めたので、そこへ一緒に面接に行く。ついて来い」というのだ。

強い語調なので返す言葉もなく、電話は切れてしまった。そして、数カ月後、父の指定する場所へ赴いた。

そこは東京駅前の丸の内で、古色蒼《そう》然としたレンガ調の建物が建っていた。財閥解体前には三菱の本社機能があったビルらしく、独特の雰囲気が漂っていた。

三菱財閥には、三菱商事に代表されるように世界との交易も主たる事業のひとつだが、そのほか重厚長大型の多くの事業があり、中核のひとつに化学事業があった。その中心となるのは三菱化成だが、そこから石油化学発展のために三菱油化が設立されていた。

古色蒼然としたビルには、こうした化学関連の会社が入っていて、これから訪問する三菱油化もそのビルのテナントのひとつとして本社を構えていた。

当社は三菱油化から原料を仕入れている顧客先のひとつであり、父と私はビルの中へ入り、三菱油化の受付へ行くと、すでに連絡が入っていたのか、すぐに社長室へ通された。

刺激的な街ニューヨーク（１９６５年）

三菱油化に勤務する

当時の三菱油化の社長は岡さんという、見るからに端正な、威風堂々とした三菱紳士だった。

父は一通りの世間話をした後、「今日のお願いはこの息子のことで、ぜひ御社で使っていただきたい。見た目の通りのやわな男ですので、工場勤めは無理です。この本社で勤務させてやってください」と平然と話した。

岡さんはにこやかに「分かりました」とおっしゃった。終始笑みを絶やさず、温和な表情だった。事前に人事のほうで検討していたのだろうが、あまりのあっ気ない決まり方に、私は驚いた。

その後、人事部へ書類手続きに行った。人事部長から「君は大学では勉強しなかったんだね」と言われ、身の置き場がなかったことを思い出す。

ともかく入社し、配属先は樹脂とは違う化成品販売部というところだった。扱っているのはさまざまな液体の化成品で、コンビナートに繋がるパイプラインの中を流れており、固形物の樹脂製品のように決まった形がなく、捉えどころのない思いがした。

パイプでつながれた各社間で売り買いがなされており、日々どのくらいの量が相手に流れたのか、逆にどのくらい入ったのか、工場と連絡を取りながら受払表を作り、確認するのが主な仕事だった。

そのほか、船で運ばれるものもあり、船荷証券を渡したりする仕事もあった。

製品名は「ブタノール」というアルコール系のもので、毎週、赤坂にあるブタノール工業会の事務局に各社の担当者が集まって、受払表を精査した。各社の担当者はこのように集まって仕事をするので、結束力が強くなり、自然に仲間意識ができていった。

2、3カ月に1度、泊まり込みでゴルフの懇親会などを開き、交流を深めた。世話役は各社が輪番制で務めた。ゴルフをしたことのない私は、怒られながら順位表を作ったりしたが、今ではよい思い出である。

約3年近く勤め、「そろそろ家へ戻って来い」という父の命令により、私は会社を辞めることになった。

正直言えば、私は腰掛け気分でいたので、ほとんど戦力にはならなかった。去り行く私は、自分自身に対して、また三菱油化のみなさんに対して、忸怩《じくじ》たる思いだった。

楽しく呑気に過ごした学生生活（長野県蓼科への旅行）

自身の能力不足を痛感

私は父とともに三菱油化へ、お世話になったお礼を申し上げに行った。帰路、当時は築地に本社のあった中外貿易（現在のＣＢＣ）へあいさつに寄った。

その頃、土井宇太郎社長（現会長）は30歳そこそこの青年社長だった。英明という評判通り、父と話す内容には随所に博識ぶりが垣間見え、それほど年齢が違わない私は「もっと勉強しなければ」と刺激を受けた。

その時、土井社長から「すぐ会社に戻るのではなく、広い世界を見たほうがいい。しばらく当社で勉強されてはどうか」との申し出があった。父は私の同意もなく「それはいい話だ。お願いします」とその席で決めてしまった。

その後の展開は速く、私は中外貿易のロンドン支店に配属された。当時の支店長は困惑されたと思う。私は多少は英語に自信があったが、ビジネスで通用するにはほど遠く、案の定、現地の英国人の話す内容はもちろん、そのスピードについていけないのである。「とてもビジネスには通用しない」と思った。

しばらくすると、見るに見かねた支店長から、ウエールズの首府カーディフにある出張所へ行くよう言われた。そこでは大和田さんという私より2歳上の所長が、現地の5人ほどの部下を率いて頑張っていた。

英語の堪能な仕事熱心な人で、私に対しても大変親切で、常に私を連れて外交に赴いた。少しでも早く慣れるようにという配慮からだった。

その出張所では、タキロンやアキレスなど日本の製品を輸入し、建材問屋を通じて英国内のＤＩＹショップに販売していた。日本の波板などは評判が良く、タキロンも英国で工場をつくる計画が持ち上がっていた。

それやこれやで、大和田さんは孤軍奮闘していたが、能力不足の私は何のヘルプもできなかった。自分ながら情けないと思った。

いずれにしても、腰掛けのような状態で来ている自分は、玉井社長の温情にはとても報いることができないと思った。そんな私はすぐに身を引くべきであり、その気持ちを玉井社長に伝えた。

「それならば致し方ありません」と承諾を得ることができたのだが、この時のことを思い出すと、今でも申し訳ない気持ちでいっぱいである。

英国滞在時の中外貿易の社員と筆者(左)

片山専務とヨーロッパの視察旅行

私が英国勤務を断念することにしたちょうどその頃、母から手紙がきた。「片山専務がドイツのプラスチック展示会を視察するので、同行して欲しい」とのことだった。

私はデュッセルドルフで落ち合い、一緒に展示会場を回ったが、それだけに止まらなかった。

片山専務は「過去の反省も踏まえ、ブースだけでは表面的な話で終わってしまう。興味ある案件については、その後、個別に訪問すべきであり、来る前に関係のある商社から紹介状をもらい、現地の商社の人に同行してもらえることになっている」と言って、分厚い紹介状の束を見せてくれた。

片山専務は展示会場でも積極的で、ずかずかとブースの中へ入っていって直談判し、興味ある企業に対しては「直接訪問してよいか?」と交渉した。断られることも多かったが、快く承諾してくれる会社もあった。

展示会が終わって、さっそくそれらの会社のいくつかとアポイントを取り、ドイツのみならずフランス、イタリア、スイス、と飛行機や車を利用して訪問した。良いところまで行く案件もあったが、残念ながら具体的な成果は実らなかった。

片山専務は道中、会社の状況を説明してくれた。私は少しずつ理解することができた。

その頃の父は、プラスチック製品はかさ張るため、全国各地に工場を分散し、産地直送スタイルで物流費の削減を目指していた。このため、各所に土地を求め、青森、群馬、兵庫、愛媛、福岡、と次々に工場を建設していた。

工場用地の取得では、地元の町会議員の反対にあい、トラブルに巻き込まれたりもしたが、おおむね順調に進んでおり、すでに稼働しているところもあるとのことだった。

事業分野も広がりを見せ、包装容器などはスーパーマーケットの隆盛とともに需要が急伸していた。

運搬に使う箱も木箱からプラスチック箱に急速に替わりつつあり、それらは親しみを込めてコンテナーと呼ばれるようになったなど、当社の手掛けている事業が順調に推移していることを話してくれた。

父とともに苦労を重ねてきた片山専務は、父とは一心同体であり、会社が発展していることを心底喜んでいる様子だった。

ヨーロッパの視察旅行（右から筆者、片山専務）

起死回生の大型投資

片山専務との視察旅行が終わっても、私はそのまま日本へ帰国するのではなく、アラビア、インド、東南アジアと南回りの寄り道の旅を楽しんだ。

あちこちの空港に降り立つと、軍用機やジープなどが目に止まり、世界ではまだ戦時下の国があるという緊張感が伝わってきた。特に東南アジアはベトナム戦争の最中にあり、その思いを一層強くしながら日本に到着すると、すでに秋に入っていた。

しばらくすると突然、第4次中東戦争が勃発し、原油価格が4倍に跳ね上がった。世はまさに狂乱物価となり、プラスチック原料も高騰して、手当も難しくなってきた。原料メーカーの姿勢も高圧的になり、中には威圧的な態度になる営業マンもいた。

そのような状態は長くは続かなかった。しばらくすると、価格は急落し、まさに「山高ければ谷深し」の様相を呈した。

われわれの業界もこの影響を大きく受け、原料メーカーから加工メーカー、流通に至るまで、苦しい立場に追い込まれることになった。われわれの販売先の問屋も厳しくなり、関西の大きな雑貨問屋3社がつぶれる事態となり、その深刻さをうかがうことができた。

当社も一番大きな取引があった問屋がつぶれて、大打撃を受けた。仕入れ先から、当社も危ないのでは、といううわさが出たりした。

実はその頃、父は起死回生をねらって大きな投資を遂行中だった。1962（昭和37）年から始めた塩ビを主体とした包装容器事業は、スーパーの発展とともに伸びていたが、同業間の競争が厳しく不採算で悩んでいた。

父はこの競争から脱け出すため、上流に上ってシートからの一貫生産を思い立ち、他社との差別化を図ろうとしていた。

この計画について、原料メーカーから大反対を受けたが、片山専務を米国へ行かせ、米国のＰＳＰ（発泡スチロール）の押出機メーカーＮＲＭ社の機械を購入した。

この時は、大きな投資と大得意先の倒産という、大きな課題を同時に抱えており、さすがの父もその影響を受けたのか、突然、心臓病をわずらい、入院することになった。

リスパックの犬山本社工場(昭和51年当時)

父の抑えがたい政治家への野心

経営は天気のように一様ではない。何があるか分からない。一喜一憂していては経営者は務まらない。どんなことがあっても平然としている精神が大切である。

父は困難な課題を抱えていても、平然としていたのみならず、対外活動も積極的に行い、１９７９（昭和54）年に中部経済同友会の代表幹事となった。岐阜の一企業の経営者が、名古屋財界のお歴々に交じって活動していたのだ。

事業家として仕事に対する執念はもちろん、その枠に納まらず、対外活動にも熱心だったことは、生来の性格から来るものだったのだろう。そして、この頃から、政治家への野心がふつふつと湧いてくるのである。

地元の国政議員や県市会の議員との交流を盛んに行っていたこともあり、知事選や市長選へ出馬要請されたり、政治家でもないのに自民党岐阜市連の会長を引き受けたりもした。

その流れの中で、当時の大物県会議員であった古田好氏と親しくなり、交流を深める中で、国政議員への思いがだんだん募ってくるのである。

古田議員は岐阜の大物県議として有名であると同時に、中央政界にも顔があった。父はその人脈を大いに生かした。

ある時、古田氏とともに目白の田中邸を訪ねたことがあった。父は常々、各務原の航空自衛隊の空港を広く民間に開放して、コミューター空港にしたいと考えていた。

それを天下の大物政治家、田中角栄氏に直接会って説明したがっていたが、古田氏の紹介で実現したのだ。

古田氏との付き合いはより親密になり、運転手のいない休日には、私は突然、「古田氏の所へ運転しろ」と言われ、笠松のご自宅まで乗せていったこともあった。

また当時、総理大臣を密かに狙っていた安倍晋太郎氏は全国組織の後援会を立ち上げており、父は「岐阜総晋会」の会長を引き受けて支援していた。

岐阜の料亭で開かれた当時の「総晋会」の写真を、私は安倍晋太郎氏の長男で、取引のある三菱商事パッケージング社長だった安倍寛信氏にお見せしたところ、父上のことを随分と懐かしがられ、不思議なご縁を感じたものだった。

「岐阜総晋会」の写真(中央が安倍晋太郎氏)

「何でもいいから起業せよ」

後先になるが、私の話に戻りたい。私がわが社へ入社したのはオイルショックの最中で、前に述べたように父がいろいろと大変な時期だった。やっと入社できたと意気込んでいたのもつかの間、父の第一声は「何でもいいから起業せよ」だった。アシストを一人付けてやるとのことだったが、具体的な指示や説明はなく、いくら何でも無茶苦茶な話だった。

だからといってじっとしているわけにはいかないので、メーカーという立ち位置から「これからの生活様式の変化に伴って必要とされるものは何か」を考えた。

さまざまな書物も読みあさったが、ヒントはなかなか見つからない。そんな時、英国で見た情景が浮かんできた。国民性もあるが、自分で組み立てたり作ったりするＤＩＹショップが随所にあったことだった。

私はそれに目をつけ、英国のDIYの雑誌を取り寄せて、載っているメーカー広告を見ながら、日本にフィットするものはないかを探し、目ぼしいものがあれば手紙を出して反応を見た。

ある時、英国中西部のバンバリーという小さな町の簡易組み立てハウスメーカーから、返事がきた。

約70センチ×40センチのコンクリート板を高圧圧縮で成型し、それを組み立てて物置やガレージにするもので、私は「これはいける」と判断し、交渉を開始した。

話はとんとん拍子に進んでいき、私の英語力はプアーだったが、成功させようという必死な努力が功を奏したのか、技術導入という形で契約にこぎつけた。

会社の代表と直接契約したいという先方の要求で、私は父を英国まで連れていった。

契約書のサインが終わった時、父は相手の社長の肩をポンと叩き、「よろしく頼むよ」と言った。相手は父のおどけた様子にニコニコしながら、握手を求めてきた。

しかし、私は泳ぎを知らない者が大海に飛び込んでいく心境であり、「これからが大変だ」と思っていた。

日本はますます車社会になり、堅牢なガレージや物置が必要になるとの確信はあったが、問題は「どのように売るか」である。当時の日本はホームセンターがあちこちに出店し始めた頃だった。

リスバンガレージ

初挑戦の新事業

私は出始めたばかりのホームセンターを訪ね、英国企業から技術導入したコンクリート板について説明したが、売ってくれる店は見つからなかった。

そこで方針を転換し、消費者に直接売ることにした。今で言う「ＢｔｏＣ」である。展示場に見に来てもらったり、新聞などに広告を載せて資料請求券を返信してもらうのだ。重量物なので、東海地区で限定販売することにした。

リサーチしていくと、ＤＩＹが可能でも、日本では自ら組み立てる人は皆無に近く、すべて施工しなければならないことが分かってきた。買いやすいように、信販会社とも契約した。

このように売る準備を進めていき、次は作るための準備である。契約して３カ月後に機械が入り、人も新規採用した。その頃は不況で、人の手当は困らなかったが、作るのは何と言ってもコンクリート製品である。

機械の搬入の時はさすがに心配だったのか、父は首にタオルを巻き、ゴム長靴をはいて現われた。重装備の父だけが浮いていたが、私はその気持ちに感謝した。

1枚50キロの板をハンドリングするのは大変だったが、順調に生産することができた。

作り方や機械の操作については、英国へ研修に行き、その様子が現地のローカルペーパーに写真入りで紹介されたりもした。

展示場に見に来てくれた人に説明し、反応があれば自宅へ訪問することになる。商談は顧客が家にいる夜なので、建てる現場が暗かったり、別注が出たり、営業マンはさまざまな予想外なことに苦労した。

1年ぐらいすると軌道に乗り始め、ガレージと物置を合わせ、月１００棟ぐらい売れるようになり、平均単価が30万円なので、3千万円ぐらいの月間売上高になった。

皆の努力はあったが、固定費が重く、採算は償却前でトントンであり、苦しい状態が続いた。

それでも4年近く頑張ったが、製品が重量物で、市場拡大には一段の経費増が見込まれ、グループ内の会社とのシナジーが出ないことも含め、「この事業は止めたほうがいい」との判断に至った。

車で走っていると、今でも当時販売したガレージを見掛けることがあり、その耐久性をうれしく思うのである。

オープン時のガレージや物置の展示場（左が筆者）

父の急死

以前にも述べたが、父が一番なりたかったのは政治家だった。50代半ばから、地元の大物県議と国政議員になるべく準備と根回しをしながら、タイミングを狙っていた。

1980年代後半に入ると、日本の政治体制には、頑強だった55年体制にきしみが生じ、リクルート事件や東京佐川などの政治と金の問題が、この動きに拍車をかけた。

そのような世の中の空気の中で、参議院選挙が行われることになった。父はこれに出馬すべく、会社の経営を私に譲り、心身をリフレッシュするために豊橋の病院へ検査入院した。

入院する前々日に家の玄関を出る時、珍しく私に「明後日の株主総会には戻ってくるから、よろしく頼む」と言って、母とともに車に乗り込んだ。

翌日の午後、母から「すぐ病院へ来てほしい」と電話があり、私は急いで駆けつけた。父は急性心不全で急死し、担当医師は申し訳なさそうに「以前から相当悪かったですね」と言った。

帰りの電車の窓外には五月晴れのさわやかな空が広がっていたが、止めどもなく涙が流れ、強い父に抵抗したこともあった私の胸には大きな穴があいていた。

葬儀は自宅で行い、1カ月後の1988（昭和63）年6月9日、岐阜市の文化センターで社葬を執り行った。名誉県民の古田好氏が葬儀委員長を引き受けてくださり、4千人を超える方々に参列いただいた。

誰もが63歳という若さを悼み、父の無念さと偉大さを改めて知らされた。

父は私には「硬」の部分しか見せなかったが、「軟」に関する話を多くの人から聞いた。夜の遊びも活発だったようで、芸者さんが「座敷では小唄に興じ、カラオケではマイクにハンカチを被せて上手に歌っていた」などと話してくれた。

私は学生仲間と楽器を手にしている父の写真を見つけて驚いたことがあったが、母とともに絵画や骨董《こっとう》、茶道を楽しみ、書道など趣味も多彩で、穏やかなその精神性にも感心していた。

休日には入れ替わり立ち替わり、美術商やら百貨店の美術部の人たちが自宅へ訪れていたし、正月には社員を自宅へ招き、春や秋にはガーデンパーティーを開くなど、ともかくにぎやかなことが好きな人だった。

社員とのガーデンパーティー（中央が父）

事業部別に代理店会を設立

当社は、自分の頭で考え、自分で作り、自分で売るという父の理念に従って、マネジメントがなされてきた。

この三つのうち、どれが難しいか、どれが優位に立つのか、何から先に行うべきかと問われても、時と場合によって答えは違うので、何とも申し上げようがない。

あえて言うならば、この三つをうまくバランスさせることが大切と言うしかないのである。

この三つの中で「売る」ということは、相手が人間なので、簡単そうに見えてなかなか厄介なものである。

日頃の接触の積み重ねが何よりも大切だが、もっと合理的な方法はないだろうかと考え、「売り先を組織化するのがもっとも効率的ではないか」との結論に至った。

組織化すると言うと、何か上から目線のようにも聞こえるが、商売を通じての同志的な結びつきにより、互いの繁栄を図ろうということである。

こうして昭和50年代に入り、日用品雑貨の「リス会」、産業用資材の「リスコン会」、包装容器の「リスパック会」というように、各事業部別に代理店会を組織化していった。

年2回程度、必要に応じて1カ所に集まり、当社の方針を説明したり、お客さまの要望を聞いたりして、親睦を深めていくのである。

おかげさまで、当社についての説明をすることによって理解が深まり、お客さま同士の結びつきも強まるなど、大変喜ばれる会になっている。時には海外研修と銘打って海外旅行も実施し、絆はより一層深まっている。

当社の新製品を紹介する絶好のチャンスであるため、全国各地で展示会を展開し、お客さまから非常に効果的なイベントとして喜ばれている。

最近はイベントの主体が若い社員に移りつつあり、画像を使ったり、時にはオンラインなどのデジタルの活用も含めて、一層の効率化を図っている。

ほかにも、時機に応じて識者を講師に招き、タイムリーな講演会も開催しており、当社にとってこれらの代理店会はなくてはならないものになっている。

今後もより一層工夫を凝らし、実りのある会にするよう努めていきたいと思っている。

第１回関東リスコン会(前列右から４人目が筆者)

第三章　プラスチック総合メーカーの挑戦

海外からのオファー

当社はそろそろ創業から70年が経過しようとしているが、海外との直接のビジネスはなく、ほぼ１００％国内取引である。あえて避けているのではなく、行き掛かり上、そうなっているに過ぎない。

積極的にグローバル展開したいとの思いはあるが、ニーズがないのに進出すれば、無益な競争を招来させるだけで意味がない。それに、海外展開は国内に比べて、熟慮と慎重さがより必要とされるのではないだろうか。

私がそのように考えるのは、海外との関わりにおいて多少の経験があるからだ。

私が海外企業と接触し始めたのは、入社した翌年の１９７４（昭和49）年からである。フィリピンのパイプメーカーから、わが社の取引先のパイプメーカーを通じて「継手の共同事業がやりたい」とのオファーがあった。

私は父の命令により、そのメーカーを訪問した。その企業はパイプの専業メーカーではなく、マルコス政権の息がかかった複合企業だった。

継手はパイプとは成型法が異なり、金型の精巧な技術も必要である。その企業単独では無理と思われ、事実、現地へ行くと、パイプをナイフで切ってバーナーで加熱しながら、継手らしきものを作っていた。

マルコス政権下の政商であるその社長の屋敷に、私は案内された。その豪華さには驚いたが、合弁事業を行うメリットが見出せないため、1週間ほど滞在して話を打ち切った。

私の社長時代には、伊藤忠商事を通じて中国からの話があった。中国国内にはパイプの工場はたくさんあるが、継手の工場がないので、作ってほしいという話だった。

伊藤忠商事の案内で、1週間をかけて現地を見て回ったが、積極的に進出したい気にはならなかった。

途中で北京にある日本の経済産業省にあたる役所に行き、「とても製造コストが合わない」と役人に言うと、当然のように「ならば販売価格を上げればいいではないか」と言われ、「やはりこの国は市場経済ではないのだ」と妙に納得した。

欧州では、100％プラスチック製自転車の技術を導入するためにデンマークへ行ったり、回転式収納箱の技術を導入するためにオランダへ行ったりした。

欧州の展示会を視察(中央が筆者)

英国進出の失敗

海外事案は成就しなかったものや失敗したものも数多くあったが、もっとも手痛かったのは英国進出の失敗である。この事案は私が社長に就任して間もなく、取引のある大手事務機メーカーから持ち込まれた。

その頃、ソビエト連邦の崩壊という世界的にエポックメーキングな出来事が起きた。その一連の流れの中で東西ベルリンの壁が取り壊され、東と西に分かれていた欧州が一体化された。

これはビッグチャンスということで、その大手メーカーは欧州に工場を作ることになり、一緒に出てくれないかというのである。

私はまだ時期尚早であり、リスクが大きいので反対だったが、大きなチャンスだという社内の声と先方の副社長の懇請に負けて進出を決めた。プリンターの部品生産が主な仕事だった。

工場は、英国北西部のリバプール近くの荒涼たる原野に建設された。建屋はもとより、機械設備を含めるとかなりな投資だった。ある大手商社が資本参加した合弁事業だったが、工場のオペレーションと経営はほぼわれわれの責任で行った。

オープン時は、商工省の大臣が訪れ、大がかりなセレモニーを開催した。信じられないことだが、事前の説明では「女王陛下がお見えになる」と伝えられ、慌てて工場の見学通路に赤じゅうたんを敷き詰めた。結局は実現せず、「驚かすのもいい加減にしてくれ」という心境だった。

工場は順調に行くかと期待していたが、いつまで経っても稼働率が30％を切る状態で、期待したほど東欧経済が活性化されることはなく、赤字が続いた。

私も心配で時折、工場を見学したが、音楽をガンガンかけ、工場内は乱雑なので「せめて2S（整理、整頓）くらいは厳しくやれ」と出向社員に厳命した。

しかし、自分の領域は掃除しても、持ち場以外ではゴミを放り投げるなど「何ともなりません」との報告で、勤労意識の低さに唖然となった。

ある日、社員の不始末で工場が全焼した。再開しても赤字が蓄積していくだけなので、6年近いオペレーションではあったが、工場を閉鎖した。社長の最初の仕事としては大失敗で、後には大きな教訓が残された。

英国進出時に設立したＧＫＫ社

普請の卦

私が小学校の高学年の頃、たまたま家に遊びに来ていた占い師が、私の顔をしげしげと見つめ、「この子には普請の卦が出ている」と言った。

その時はその意味も分からず、笑い話で終わったが、今になってみるとその予言通り、随分、たくさんの建物を建ててきたものだ。

私の代になってから、福島、山梨、群馬、倉敷などで工場を普請し、現在も兵庫県加西市に建設中で、先代からのものを含めると全国で14工場になる。

2000(平成12)年のある日、岐阜県知事の梶原さんに県庁に呼ばれ、熱っぽく語り掛けられた。

「大松さん、岐阜駅前にビルを建てる計画はないの？　岐阜市の発展のため、駅前をインテリジェントビル街にして、全国から大企業を誘致したいと思っている。大都市に比べれば人件費は安いし、名古屋に近いし、利便性もある。これからデジタル社会になっていくのは間違いない。大垣にソフトピアジャパンという拠点をつくったが、岐阜市にもこのような拠点をつくりたい。大松さんのビルがその第1号となってほしい。協力は惜しまない」

その頃から東京一極集中の弊害が問題になっており、「具体的な形で分散化に少しでも貢献できれば」と賛同した。

古いビルを取り壊し、05（平成17）年5月に新しい「大岐阜ビル」が完成した。大手保険会社をはじめとするコールセンターなどが入居し、インテリジェンス機能を備えたビルとして出発した。

落成式のテープカットが終わった直後、私の秘書が耳元で「今、梶原前知事がぜひ大松さんに会いたいと、下でお待ちです」と告げた。

私はすぐに階段を下りていった。人目につかないようにエレベーターの陰にいた梶原さんは、私を見つけると駆け寄り、「大松さん、おめでとう。岐阜の発展のため、駅前開発の第1号ビルとして頑張ってください」と私の手をしっかり握りしめた。

思わず目頭に熱いものが込み上げてきた。梶原さんも在任中は、その積極的な政治手腕に対し、毀誉褒貶《きよほうへん》、いろいろ言われたが、岐阜のために心から尽くされた知事であったと思う。残念なことにそれから病を患い、亡くなられてしまった。

多くの工場を普請(くわ入れ式で、中央が筆者)

トヨタ生産方式の導入

やはり企業の要が人材であることは言うまでもない。創業以来、父は人材教育の重要性を口が酸っぱくなるほど語っていた。前にも話したように、創業の頃の夕食の食卓は、意識するかしないかは別にして、貴重な人材教育の場だった。

メーカーであるわが社にとって、技術の習得は成長のための必須条件である。日々の仕事を通じて上司が部下に教える。経験者が未経験者に教える。つまり、ＯＪＴは疑いようもなく教育の基本であり、もっとも実際的で効果があることに異論をはさむ余地はない。

それにプラスして、外部から専門家を招いて新しい知識を学ぶことは、どの企業も実践していることである。

当社は以前から、総務部がカリキュラムを作って人材教育を行っていたが、多くは一過性に終わったり、形だけで根づかなかったりして、十分な成果を上げることができず、社内にフラストレーションが溜まっていた。

私はその頃すでに、トヨタ生産方式が世に定着し、世界の改善のスタンダードになっていると同時に、どの企業も導入に熱心なことに着目していた。

トヨタ式改善は、当社もさまざまな外部コンサルタントを呼んで実践していたが、うまく根づいていかないという不満があった。

そんな時、ある人から、リクルートがＯＪＴソリューションというコンサル会社をつくり、トヨタの退職者が活動の中心になっているという話を聞いた。

「費用はべらぼうに高いが、よければ紹介してあげる」とのことなので、さっそくその会社と面談した。

1件あたり、半年間で約５０００万円。本当に根づかせるまでに3年はかかるという。実際にトヨタにいた当事者から指導を受けることができれば、効果があるだろうと考え、頼むことにした。

二つの事業所で、それぞれ3年間。費用は6億円近く要したが、効果はてき面で、大きな改善を図ることができ、当社の改善の原動力になった。

ある日、この話を大垣共立銀行の土屋頭取に話したところ、「ぜひ紹介してよ」というので、紹介するとすぐに実行に移された。

大共さんが数々の改革を実施し、アイデアを考え出されたのは、これだけが要因ではないが、武器のひとつになっているのはうれしい限りである。

ＲＰＳ（リスパック生産方式）
プロジェクトのキックオフ

欠かせない知財戦略

創業間もない頃、ある商品に対して某大手メーカーから特許侵害の訴訟を起こされ、父が苦労したことがあったが、こういった係争事件は製造メーカーには付き物である。

一生懸命に知恵を絞って考えた商品やアイデアをやすやすと盗用され、コピーされたりしては、せっかくの努力が水の泡である。当然のこととして、新しい製品や新しい技術を出す時には、細心の注意を払ってプロテクトすることになる。

そのため、多くの特許や意匠などの知財を出願しているが、ここで気をつけなければならないのは、知財として認可されると、世に広く公知されると同時に公開されることである。

中には公開されるのを避けるため、ノウハウとして企業内に止めてしまう場合もある。また、出す場合も、戦略的にどの部分を出すのかなど、網を広げたり絞ったりして、出願戦略を練り上げる必要がある。

攻撃的な目的があるものとか、逆に守りに徹して防護色を強めるものなど、目的に応じて出願する必要があり、知財戦略にはいわば知的ゲームのような側面がある。

当社には創業当初の手痛い経験もあり、当時の企業規模から言えば贅沢《ぜいたく》かもしれないが、知財部だけは早々と設けて専門のスタッフを置いてきた。

ある技術や商品の知財などの出願に際しては、発案した人に知財部の人がさまざまなアドバイスを加えながら、特許事務所に渡すのである。

侵害されたり警告があった場合も、知財部がよく分析して、反論できないかを検証する。そして、係争事件となれば、法律の専門家の弁護士や弁理士の先生方とチームを組んで対抗するのである。

創業以来、当社は「自ら考えて製品づくりをする」という企業理念に基づき、技術開発を行ってきたが、当社において知財部の果たす役割は大きく、知財関連の出願数では県内で1、2を競う多さである。

ただ、この知財をメンテする費用は結構膨大なものであり、陳腐化したものは捨てている。このような努力に対し、2015（平成27）年には特許庁長官表彰の栄誉に輝いた。

知財功労賞の「特許庁長官表彰」を受ける筆者

海外にも開かれた技術導入の窓

事業としては国内取引ほぼ１００％の内需型企業だが、私の心の窓はいつも海外に向けて開かれていた。中でも、技術導入への関心が高かった。

ある技術コンサルタントとの話の中で、その人は「普通の射出成型では無理な大きな継手の成型品を独自の方法で作る技術特許を持ち、それを世界に販売しているメーカーがオランダにあるが、興味はないか？」と言ってきた。

私はどんなものか見たくなり、その人とオランダへ飛んだ。

その工場では、押出機で作られた大きなパイプを曲げたり穴を開けたりして大型な継手を作っており、その何段階もの工程が自動化されていた。これを射出成型で行えば、ひと型何億円という金型代がかかるので、よほどのロットがなければ償却は無理である。

この会社はすでに何十年もその事業を続けており、陸続きのヨーロッパ大陸にかなりの規模で展開していた。私はさっそく交渉に入り、契約を結んで、設備を導入した。

当初は期待したようには売れなかったが、最近はパイプや継手も大型化しており、需要が伸びてきている。技術導入からすでに20年以上が経過し、ようやく日の目を見始めたのだ。

これと似たような話だが、当時の開発部長との日々の雑談の中で「金型が要らなくて、強靭な成型品を作る方法はないだろうか？」ということがよく話題になった。つまり製品を作るには金型が絶対に必要で、その金型代が高いのである。

何千万円も掛かる金型で、わずかな数しか製品を作ることができなければコマーシャルベースで合わない。すなわち、プラスチック製品は大量生産向きだが、少量生産には不向きということなのだ。

量産向きではない製品を作るための、金型が不要な生産方法はないものだろうかと、あれこれふたりで話し合ったが、結局は堂々巡りするだけだった。

ある日、伊藤忠商事の社員が雑談の中で「先端技術戦略室という部門を立ち上げたので、何かお役に立つことはありませんか?」と言ってきた。

私は開発部長と話をしながら、何となくあるイメージが頭の中にあったので、伊藤忠商事の社員に次のような話をした。

技術導入したオランダのナイロプラストの大型継手

ハニカムパネル「テクセル」の誕生

「素材的というか化学的アプローチではなく、物理的アプローチによって、例えば構造体として工夫することで、世界最軽量かつ強靭な成型品は作れないだろうか？　そして、金型が要らない一品一様なものを作る技術はないだろうか？」

私は伊藤忠商事の社員に話しながら、果たして理解してもらえたかどうか、不安に思ったが、聡明なその社員はすぐ理解できたようで「分かりました。さっそく戻って戦略室に説明します」と答えた。

それから半年も経たないうちに、ベルギーのルーベン・カトリック大学の複合材では世界的な権威であるベルポスト教授とそのアシスタントのフルック氏が発明した「ハニカム構造体」の話を持ってきた。

この技術は産学連携のプロジェクトとして進められており、今、用途開発に向けて進行中とのことだった。

私はこの技術の将来性を確信し、開発部長に契約の締結を急がせ、無事、2006（平成18）年に契約を結ぶことができた。

量産技術がまだ確立されていないため、オリジナルな開発技術が必要で、折り畳み技術、ウエルディング工程、ラミネート工程など、さまざまな技術を試しながら、試作機を立ち上げていった。

当社の技術陣の努力によって量産機は完成し、期待通りの「高強度軽量」の製品が完成した。私は技術陣のレベルの高さに驚くと同時に、尊敬の念を抱いた。

こうしてハニカムパネル「テクセル」が誕生し、その素材の特性が認められて、自動車、産業資材、建築土木、スポーツ、とさまざまな分野で用途開発が進んでおり、売り上げが急伸している。

大きな将来性を感じるのは、この製品には用途開発において招来するさまざまなニーズを吸収する力があるからだ。例えば、曲げて欲しいというニーズにも応えることが可能なのだ。

それから、用途開発の中でお客さまが発見したことだが、抜群の防音機能があることが分かり、それに関連するさまざまな用途開発も進んでいる。

何と言っても軽量で剛性のあるその特徴は、ハンドリングが簡単で喜ばれている。この製品は、まさにグローバルマーケットに向かって羽ばたいていく可能性を十分に秘めている。

岐阜県大野町の「テクセル事業所」

環境対応に先んじて取り組む

1985（昭和60）年にフロンガスがオゾン層を破壊する恐れがあるという論文が発表され、その年にオゾン層を保護するウイーン条約が制定された。さらにその2年後、規制を目的としたモントリオール議定書が採択された。

こうした流れの中で、当社はPSPシートの発泡剤をフロンガスからブタンガスに替えた。この頃から、世の中は環境意識が高まり、特に化学系の製品に厳しい視線が向けられるようになってきた。

ノーベル化学賞を取られた野依良治さんは、ある新聞に次のような文章を寄稿している。

「化学とはもの、すなわち物質の科学だ。森羅万象を原子、分子のレベルで理解するが、単なる観察ではない。化学者は膨大な知識を動員して意図した物質をつくり、世の中へ供給する。ほとんど無から価値を創造することが、化学の最大の魅力だ。化学は豊かな近代文明をつくりあげてきた。これほど明白な貢献にもかかわらず、社会が化学に意図して名誉を与えることはない。いったん不都合が生じれば、化学物質を名指しし、汚名を着せる」

非常に意味深い言葉である。だから化学業界にあるわれわれは、より慎重に対処しなければならない。

フロンガスの問題をクリアしたと思っていたところ、今度はわれわれの主力のPVCが塩素ガスの発生源と考えられ、ダイオキシン問題につながっていった。

われわれも速やかに対処せざるを得ず、環境負荷の低い安全な素材としてA－PETに着目した。

この樹脂は燃焼時のカロリーが低く、加えてCO_2の発生量が紙と同じくらいなので、環境適正に優れた素材である。

ＰＶＣでは可能だった完全シールが、Ａ―ＰＥＴでは加熱時に結晶化してしまうなどの問題もあったが、いろいろな改良を繰り返し、課題を解決して、Ａ―ＰＥＴ化に成功した。

同じ頃、環境を配慮した植物由来の生分解性プラスチックを導入するため、ポリ乳酸では世界最大手の米国のネイチャーワークス社と使用許諾の契約を結んだ。

このように、先んじて環境対応に取り組み、現在は「バイオプラスチックのリス」として社会的評価を受けるようになった。

ネイチャーワークス社と契約締結（２００６年）

カーボンニュートラル実現へ

環境に配慮した企業活動がますます問われる時代に入っていくことを予見して、これまで述べてきたように、リスパックでは、バイオプラスチックや環境負荷の低いA―PETの開発に本腰を入れてきた。

2003（平成15）年には、日本で初めて植物由来のプラスチック容器の販売を開始した。「バイオニュートシリーズ」と銘打って、現在は広くスーパーやコンビニで採用されている。

食に対する安全や品質への要望が高まり、食品容器も同様に安全安心が要求されるようになってきた。

このため、容器も食品の一部であるという方針を全面に打ち出し、業界最先端の工場の建設を目指して、群馬県に土地を購入し、関東工場の建設に着手した。
設計にあたって、次の三つの方針を掲げた。
①安全・安心な品質の提供（HACCPに準拠した衛生管理、製品の安全管理、異物混入防止対策の徹底）
②環境対応（二酸化炭素削減を見据えた省エネ工場の実現）
③省コスト（最先端技術を結集したシーティングマシン、自動型替えシステム、高効率物流システムの導入）
関東工場は07（平成19）年に着工し、09（平成21）年に完成した。本格稼働後、この最新鋭の工場には多くの見学者が訪れ、食品工場と同等の安心安全を担保した工場として認められている。

24（令和6）年の竣工《しゅんこう》を目指して、兵庫県加西市にバイオプラスチックを中心とした一段の環境配慮型の工場を建設中である。

このほかにも、19（平成31）年には岡山県倉敷市に新たなパレット工場を建設し、デジタル技術を駆使した高効率な工場として稼働している。

さらに、感染症医療廃棄物の専用ペールや雨水対策の貯蔵槽など、防災安全に対してもさまざまな商品開発を進めている。

現在、熱心に取り組んでいるプロジェクトのひとつは、循環型社会を目指しての多様なリサイクルの提案である。いろいろな顧客ニーズを取り上げ、顧客と協力しながら、課題を解決していこうという運動を展開し、カーボンニュートラル実現に向けて積極的な活動を始めている。

２００９年に完成したＨＡＣＣＰに準拠した関東工場
左下の体育館は実業団バレー大会にも使われている
（群馬県伊勢崎市）

第四章　挑戦の原動力

父の収集品１５００点を公開

美術館のことに少し触れたい。父は若い頃から美術工芸が好きで、会社勤めの薄給の身でありながら収集にいそしんだ。私が４歳頃に起きた忘れられない思い出がある。

ある日突然、米進駐軍が家にやって来て、「屏風を見せろ」と言う。驚いた母はさっそく父に連絡し、飛んで帰ってきた父は通訳を通じて絵の説明をした。

私は畳の上に土足で上がり込んできた傍若無人さに恐ろしさを覚えたが、子ども心に「父は絵が好きなのだ」と刷り込まれた。

父が亡くなるまでに収集したものは、日本画や茶道具を中心に約１５００点に及ぶ。母は世間に公開して皆に見てもらおうと思い立ち、１９９１(平成３)

年に「大松美術館」を開館した。

それ以来18年間、文化事業の奉仕に努めたが、２００９（平成21）年、母が高齢となったため、惜しまれながら閉館した。

美術館にはふたつの茶室が併設されていた。余生は母と茶を楽しむため、父が裏千家大宗匠に命名をお願いして建てた「松翠庵」と「耕雲庵」である。

美術館閉館以降、そのままにしておくのはもったいないということで、昨年、リニューアルし、創業者の大松幸栄にちなんで「幸栄閑」と名前を変え、迎賓館として利用している。

現在、私は裏千家の岐阜支部長を仰せつかっているが、コロナ禍で密を避けなければならず、最近は茶事も少なくなり、寂しい限りである。

母が健在の頃によく行った本阿弥光悦の命日に開かれる光悦会も、昨年（２０２０年）に続いて今年（２０２１年）も開かれず、残念である。茶道は誠に奥深い日本の伝統文化であり、私はまだ入り口あたりでウロウロしている段階である。

私は社交的な父と違い、積極的に対外活動をしないほうだが、地元の商工会議所とか名古屋も含めた活動に参加している。

実業人は当然のこととして、地域の繁栄は絶えず考えていなければならない。そのため、県や市が開く都市計画などの審議会には積極的に出席するようにしており、自分の思いや意見を述べるよう努めている。長年にわたり、岐阜県の選挙管理委員長も拝命しており、投票率の向上に努力している。

大松美術館オープンのテープカット

ロータリークラブは人生のオアシス

仕事、そしてさまざまな対外活動を行う中で、唯一、肩の凝らないものがある。それはロータリークラブである。

ロータリークラブの説明は今さらする必要もないので、省略するが、本当に息抜きの場としてリラックスでき、会員同士の親睦を図ることもできるので、私にとっては貴重な人生のオアシスである。

ここでは、学生時代のように多種多様な趣味の活動があり、私も積極的に参加している。

その中で、現在は参加メンバーの高齢化が少し進んだこともあり、休止しているが、腕に覚えのある人たちが集まって「ロータリーバンド」を結成し、いろいろな所で演奏している。私はピアノのパーツを受け持っている。

例会は週1回あり、食事をして親交を温める程度で、そんなに負担になることもなく楽しんでいる。

私もこの先、どのくらい生きられるのか分からないが、下手な横好きでゴルフを楽しみ、妻とコンサートに出掛け、食通とは言えないがおいしい店を探訪するなど、人生に彩りが消えないよう生きていきたいと思う。

このような人生を過ごすことができるのも、社員、そして家族をはじめ、皆のおかげと感謝している。

人間にはそれぞれの寿命があるものの、若くして亡くなることは、近くにいる者としては悲しいことである。

父のことには随分、紙面を割いたが、母も含めて両親がいなければ、私はこの世に存在していなかったのであり、両親もそれぞれ親がいなければということで、仏教で言う輪廻《りんね》ということになるのだろうか。

そして父はと言えば、私に生命だけでなく、事業というものを残してくれた。果たして私は、これを引き継いで、どの程度、父に満足感を与えることができただろうか。

振り返ってみれば、私と縁を結んでくれた人々、それは社員であり、友であり、本当に多くの人たちに世話になってきた。感謝、感謝である。

誰しもさまざまな多くの人々とつながっているのであり、縁のある人たちと、今のこの時を大切にしていかなければならないと、つくづく思うのである。

本書も終わりに近づきつつあるので、ここで家族のことを簡単に紹介することにしよう。

2008-2009 国際ロータリー第2630地区
ロータリーバンド演奏会
〜今年もやってきました！〜
Make Dreams Real
夢をかたちに
DISTRICT 2630

ロータリーバンド

家族のこと

私の妻は43歳の時に胃がんを患い、３年近くの闘病を経て、46歳で亡くなった。最愛の妻を亡くした私は、相当に落ち込み、毎日が悲しくてならなかった。

彼女は、名古屋の錦３丁目で印刷業を営む家の長女として生まれた。南山女子高を経て、慶応大学法学部に入り、卒業後は議員会館にて、山形県選出の近藤議員の秘書として勤務していたが、１年半で名古屋へ帰り、私と結婚した。

図抜けた社交性の持ち主で、当時、名古屋三田会に入り、その婦人部の会員として、西濃運輸の故田口義嘉寿氏の夫人の薫陶を受け、活躍していた。

私も時折、員数合わせということで、妻から誘われ、県境をまたいで出席したが、そこで中部電力の田中社長や日本碍子の竹見社長や名古屋銀行の加藤頭取はじめ、そうそうたる人たちを紹介してくれるのだが、何となく亭主の威厳がないようで閉口した。

ただ、今となってみると、そうした人脈をつないでくれた妻に感謝している。がんを患うまでは、風邪ひとつひいたことのない健康な身体であり、不思議でならない。

その後、私はある人の紹介で、羽島にある松原病院の長女、由希子と結婚し、女医より音楽家を目指したかったという彼女と一緒に、コンサートに行くのを楽しみにしている。

長男の幸太は地元の聖徳学園高校を卒業し、東海学園大学を経て、大岐阜ビルの社長として不動産業にいそしんでいる。

次男の栄太は岐阜高校から慶応大学に入り、民間シンクタンクの価値総研からカリフォルニア州立大学バークレイ校に留学し、現在、岐阜プラスチック工業グループの社長をしている。

長女の英里は岐阜高校から津田塾大学を経て、三菱商事の東京本社のお世話になった。学生の頃に知り合った一橋大学出身の杉田二郎氏と結婚し、杉田氏は銀行勤めを経て、現在は当社の副社長として社長をアシストしてくれている。

二郎氏の父、守康氏は、商工中金の専務理事を最後にリタイアして、今は絵筆を走らせる悠々自適の日々を送っている。

今年（2021年）、早稲田大学法学部に入学した孫娘を筆頭に、私には5人の孫がいる。お蔭さまで皆、幸せに暮らしている。

思い出の家族写真

自由と人権を守るために

どんなことでも、行き過ぎると弊害を伴うものである。資本主義もその行き過ぎによって、批判されるようになってきたし、政治体制もまたしかりである。

２０２１年現在、新型コロナウイルスにより、世界的なパンデミックの危機を招来しているが、このような状況を打破していくには、より強権的な体制のほうが良いのではないかということで、全体主義を歓迎するような兆候も見られるが、これは危険である。

「歴史に学べ」という言葉があるが、近現代史の中には全体主義の悪い事例がたくさんある。

例えば、第１次大戦後のドイツは、敗戦国として多額の賠償に苦しめられていた。そのような中で、ファシズムが歓迎され、その動きをうまくとらえたヒットラーは、ナチスを結党して国民を誘導していった。

その結果がどれほど悲惨なものになったかは、改めて説明するまでもないだろう。

当時のイタリアをはじめ、多くのファシズム国家は、皆不幸な運命をたどることになった。ソビエトも共産主義とは名ばかりで、全体主義国家であり、これも崩壊の道をたどっていった。

個人の自由と人権を無視した社会体制は、歓迎されないのである。

確かに現在は、行き過ぎた現象として、ポピュリズムや決められない政治が批判の対象になっているが、民主主義という枠の中で、人々は自由と人権を享受していることを忘れてはならない。

ただ、自由勝手に生きることにはおのずと制約があり、そのためのルールや法律があるのは当たり前のことである。

現在のわが国では、国民に等しく18歳以上の男女に選挙権が与えられており、間接的ではあるが、自分の意見を政治に反映させることが可能である。

このような素晴らしいシステムがあるにもかかわらず、若年層の投票率は他の年代と比べて低い水準にとどまっている。

政治意識が根本的に低いのか、別にほかの理由があるのか分からないが、冷静に考えれば、世の中には社会的課題があふれているというのに、無関心でおられるのは、大変憂慮すべき問題であると思うが、どうであろうか。

岐阜県選挙管理委員長として
岐阜県議会で答弁する筆者

「閑坐聴松風」

大松美術館は母が高齢になり、運営が難しくなったため閉館したが、そのままにしておくのはもったいないと考え、迎賓館として再活用することにし、「幸栄閑《こうえいかん》」と命名して、2020(令和2)年6月、リニューアルオープンした。社員やお客さまに利用していただけるよう、食堂や会議室などを併設した。茶室も従来の2室に加え、立礼席を設けてある。

パンフレットに私が書いた以下のようなあいさつ文があるので、その目的を含めて紹介したい。

創業者の大松幸栄は生前、よく禅語の〝閑坐聴松風〟(かんざしてしょうふうをきく)を唱えていました。

意味は、草庵で茶の湯が煮える音を聞きながら静かに時を過ごす、一人または大切な人との時間が心にやすらぎをもたらしてくれる。

つまり、忙しくしているのは自分にほかならないということです。

毎日、仕事のこと、業界のこと、あれやこれやで多忙な日々を送っていた創業者は、その中で大切なことを忘れないため、座右の銘として、心から生ずる言葉として唱えていたのではないでしょうか。

この度、美術館から迎賓館へ移行するにあたり、館名を創業者にふさわしいと名称を思い巡らす中で〝館〟ではなく〝閑〟が相応しいのではないかと思うに至りました。

閑にはい色々な意味もありますが、まさに忙中閑ありということで、縁がある方々、それはお客様であったり、社員であったり、様々な人々と静かに時を過ごすことで、創業者大松幸栄と時を共有することが出来ることを念じ〝幸栄閑〟と命名しました。

これからは皆様方に末永くこの〝閑〟をご利用戴き、少しでも心の安寧に繋がることを祈ります。

迎賓館「幸栄閑」の全景

空から見た「幸栄閑」

父の収集品１５００点を公開

幸栄閑１階ホール

来館者との交流ホール

懐石料理もできる大広間

茶室「耕雲庵」

茶室「松翠庵」

茶室内では、上村松園などの
作品を掛けてお茶を愉しむ

自然への畏敬の念

当社は全国に14の生産拠点があるが、不思議なことに、どの工場のそばにも大きな河川がある。

中部圏の工場を列挙してみても、各務原工場の横には木曽川が流れているし、犬山工場は五条川、関工場は長良川、そしてテクセルの工場は揖斐川というように、どの工場も一級河川沿いに立地している。

日本には多くの河川があるが、大陸のようななだらかな河川ではなく、高低差のある急な流れの所がほとんどである。このため、大雨が降れば洪水の危険が迫り、大きな災害に結びつくこともある。

これに加えて、火山大国である日本は地震も多発し、津波が起きる可能性もある。

そういう観点から眺めてみれば、日本は危険がいっぱいであり、人々がこれに対して共通の危機意識を共有していることが大切である。

地震や豪雨などの天変地異に対して、あるいは自然そのものに対して、人々は大昔から畏敬の念を持って接してきた。

ところがいつの間にか、人々は科学技術の進歩によって制圧できるかのような勘違いをするようになっている。これは大きな間違いではないだろうか。

地球の何十億万年の歴史から見れば、人間の存在する歴史は、ほんのまばたきくらいの一瞬の出来事に過ぎない。それにもかかわらず、地球のメカニズムを自在にコントロールできるかのように振る舞っている。

地球は、巨大な火の玉のようなマントルが中心にあり、地表を暖めてくれているが、このような巨大な地球の正体はまだまだ解明されてはいない。

仮に解明できたとしても、人間では制御不能なとてつもなく大きなパワーを秘めているのである。

地球の温度が上昇している現象を、このたびの国連の多国間パネルでは「すべての人類が引き起こした」と言っているが、果たしてそうなのだろうか。地球に起きているさまざまな事象をもっと謙虚に検証する必要があるし、軽率に「結論づけた」という言葉で片づけて欲しくないのである。

２０１９年に稼働した倉敷工場(岡山県)

隣国中国について思うこと

当社は国内マーケット重視型の企業であり、海外にはあまり積極的でないと述べてきたが、製造業としてコスト競争力の維持は必須の条件である。そのためには、世界最強の生産拠点を有する中国の存在を無視することはできない。当社の取引先の中に、グローバルビジネスを展開している大手小売りチェーンがある。そこへ納める商品は、どうしても圧倒的なコスト競争力を持つ必要がある。

このため、21年前から中国・上海にある生産委託先の工場を利用して、かなりのロットで生産を行ってきた。ただ、これまでの推移を見てみると、為替の状況やら原材料価格の変動やらがあり、その都度、状況を見ながら対応してきた。

一番気をつけているのは品質の安定であり、これについてはいつになっても気を抜くことができない。そのため、当社の社員を常駐させている。このほか、ベトナムにも中国の補てん先として委託工場がある。

さて、中国はアメリカに対抗する覇権国家を確立するため、最高指導者の習近平国家主席が旗を振って国を鼓舞している。

経済戦争の枠の中での争いであればまだよいのだが、武力を使っての覇権争いとなると、日本にとっては、地政学的に見て憂慮すべき事態となり、由々しき問題である。

今はコロナの問題もあり、決められる政治ができる強権国家を評価する人たちもいるが、果たしてどうであろうか。

世界の政治体制を比較してみれば、中国の指向する全体主義国家は、人々の十分な幸せを希求しているようにはとても思えないのだ。

それが起きるか起きないかは、あくまでも推測の範囲内ではあるが、中国三千年の中で繰り返されている王朝の興亡の歴史は、これからも続くのではないだろうか。国の分裂も十分考えられ、もしそうなれば、より混乱の時代に入り、混迷を深めていくことになるだろう。

政治と経済のどちらが先かは分からないが、安定したビジネス交流を行うためには、政治の安定が最低限の条件である。このような状況が担保されなければ、隣国中国との交流には積極的になれないのである。

中国の委託先の工場

プラスチック産業の激しい変化

原料メーカーや商社の特に先輩の方とお話をしていると、「よくここまで頑張って来られましたね」と嘆息まじりで言われることがある。これはおかしな意味ではなく、本来の気持ちを込めての言葉である。

プラスチック産業はたかだか50年余の歴史しかない。それにもかかわらず、業界全体を俯瞰《ふかん》してみると激しく変動してきた。

以前にも述べたように、川上に位置する原料メーカーは旧財閥系や石油産業の大手企業が設立したものがほとんどで、どこも巨大企業である。

しかし、第1次オイルショックの厳しい洗礼を受けて苦境に陥り、不況カルテルや統合・合併を経て、企業の形は随分変化した。川中に属するわれわれ加工メーカーも、大きな波にもまれてきた。

大手自動車メーカーや電機メーカーの傘の下で生きてきた加工企業は大きな会社が多く、特に自動車関連はビックな規模になっている。その下には、たくさんの2次下請け、3次下請けがある。

建材関連の加工メーカーもたくさんの企業があったが、淘汰《とうた》の波の中で大手に集約されている。

そのほか、このような範疇《はんちゅう》に入らない包装資材や雑貨メーカーなどが数多くあるが、激しい企業間競争を繰り返し、優勝劣敗の流れの中で企業数が絞られてきた。

プラスチックは今やすべての産業で使われており、それらを供給している加工業者は事業所ベースで、全国に1万5千近くある。

今後、依然として激しい企業間競争が続くだろうし、淘汰が進むと考えられる。川下も時代の激しい変化の中で、卸・小売りもし烈な競争を繰り返している。

最近はデジタル技術の進展により、ＢｔｏＢからＢｔｏＣへ、あるいはＥＣを活用した形態へと変化している企業もあり、大きな変革期にある。

物流機能も一段と充実させる必要があり、大規模な物流センターなどの設備投資が必須で、体力のある企業しか生き残れないような環境になりつつある。

これからの半世紀は、過ぎ去った半世紀と比べて、何倍もの変化が起きるだろう。生き残るためには、より強い心構えが必要である。

業界の会合で参加者代表で挨拶

不公平感和らげる努力を

２０２１年（連載当時）のＮＨＫ大河ドラマは渋沢栄一であり、主著の「論語と算盤」は永遠のベストセラーである。この書物はある意味で、人々の抱いているビジネスに対する贖罪意識を払拭する役割を果たしてくれているのではないだろうか。

昔から、金をもうけるという行為は、軽蔑されこそすれ尊敬されることはなかった。

西洋でも、有名な「ベニスの商人」の物語では、商人が完全に強欲な悪者として扱われている。日本でも金もうけに対し、石田梅岩などが「もうけるという行為は悪くない」と人々を啓蒙したりした。

いずれにしても人々の中に、金をもうけるということを、堂々と言えない羞恥心があったことは事実である。それを渋沢が「幸せになるには豊かな経済力をつけることが肝要であり、国も富むことになる」と主張し、自ら実践もした。

この有言実行が、人々に贖罪《しょくざい》意識を捨て去る勇気を与えたのだろう。

資本主義下では、貧富の差が拡大するのは致し方ない帰結だと思うが、これをいかに和らげるかは、政治の役割だろう。例えば、税制を考えるとかさまざまな工夫を凝らして、不公平感を少しでも取り除くことが大切ではないだろうか。

アメリカも20世紀初頭にはすでに大金持ちが出現して、大変な格差社会になったが、金持ちたちが少しでもゆがみをなくすために、寄付活動をしたり献金をしたりして、社会への還元に努めた。

例えば、スタンダードオイルを創設したロックフェラーは、その膨大な資産を社会に還元しようということで、「World Peace Through Trade」をスローガンに、そのシンボルとしてニューヨークのマンハッタンに「ワールド・トレード・センター」を建てた。

今世紀になり、2機の飛行機がその富の象徴であるビルを破壊した事件は、資本主義への攻撃だったのかもしれない。

これからも誕生してくるGAFAのような独占資本家がグリード（強欲）とさげすまれないようにするには、不公平感を少しずつでも和らげる努力が必要だろう。

近代日本資本主義の父、渋沢栄一
（共同通信社）

格差拡大と生態系破壊を憂う

私は時折、講演を頼まれることもあって、これからの社会について考えることがある。

現在、資本主義の行き過ぎへの批判が強まっている。大きな理由のひとつは格差の拡大であり、もうひとつは、加速する産業社会がさまざまな生態系を壊しているのではないかという疑念である。

まず格差の拡大についてだが、2020（令和2）年の米国の主要企業500社の最高経営責任者の報酬は、標準的な従業員の約299倍だったそうである。

米国の上位25人の富豪が有する資産が、14年から18年の間に4千億ドル以上増えたにもかかわらず、所得税の支払額は136億ドルに止まったとのことで、これについては税の仕組みがゆがんでいるとの批判もある。

また、最近の量的緩和が一層、その傾向を増長させている。

そもそも資本主義は18～19世紀の産業革命とともに始まり、大いに発展したが、資本主義の持っている必然性というべきか、その結果として大きな格差を招来した。

1900年代に入ってからのモルガンやロックフェラーに代表される一部の資本家のすさまじい富の蓄積で、天文学的な格差が広がった。

それらは彼らのビジネスマンとしての才覚に富んだ当然の帰結と言えるかもしれないが、独占資本家として大きな格差を生み出し、すでにその時代にも大きなストレスを社会に与えていた。

その後も産業社会と相性のよい資本主義は、社会主義やファシズムを次々となぎ倒して今日に至っている。

次に発展の副産物として招来した生態系の破壊への憂慮にも、大いに警鐘が鳴らされているが、もう少し冷静になって客観的データを集め、真実かどうかを見極める必要があるだろう。

一時的な偏重した情報に踊らされて、経済合理性を損なったり、進化を止めたりしてしまっては元も子もない。

次々と現れる課題を解決していくのが、人間に与えられた英知であり宝物である。楽観的と言われるかもしれないが、生態系に対する課題も、さまざまな技術が生まれて解決してくれると信じている。

正義の味方のごとく、世の中がこぞってＳＤＧｓやＥＳＧと騒いでいる状況を、ある危うさをもって見ている今日この頃である。

依頼された講演のひとこま

これからのプラスチック

いよいよ本書の締めとなるが、これからのプラスチック産業について、あくまでも私見だが述べてみたい。

脱プラという声が日増しに大きくなり、マスコミも日々、そのような報道を繰り返して警鐘を鳴らしている。しかし、もし生活の中からプラスチック製品というものがなくなれば、いかにストレスの多いことになるのか、多くの人々はよく分かっているし、どれほど代償が大きいかもよく知っている。

繰り返すが、プラスチックが生活の中から消えてしまったら、きわめて不便でストレスの多い社会になるのは、火を見るよりも明らかである。大げさではなく、19世紀の世界へ逆行していくのである。

脱炭素と、社会は炭素をまるで目の敵のように言っているが、人間の体の多くは炭素でできているし、世の中の物質の多くは炭素化合物としてできており、重要な役割を担っている。説明するまでもなく、生存する上でなくてはならないものなのだ。

大切なのは、プラスチックも世の利便性と折り合いをつけながら、その便利さをレベルダウンさせず、逆に一層、技術開発に努めながら、バランスよく進む、つまり共生していくことではないだろうか。

もちろん、人々もポイ捨てを止め、きちんと回収を行い、リサイクルシステムの中で循環させながら、エンドレスに使っていくことが、これからの賢明な生き方だと思う。

自動車もガソリンエンジン車からEVへの急速な切り替え競争が、世界的に始まっている。ガソリンエンジンの持つ奥深い技術をかなぐり捨ててしまうのもどうかと思う。

特に日本はそこから派生する周辺の技術に大きな恩恵を受けているのであり、技術の素をないがしろにすれば、日本の強みが損なわれていくように思う。

プラスチックも現在は化石資源に頼っているが、近い将来、空気中の炭酸ガスから炭素を採り出してそれを利用するＣ１化学が具体化していくだろう。肝心なことは、目先の事象に一喜一憂するのではなく、人間の英知を信じて、次々と課題を解決していく人間力を信じるべきだろう。

２００７年環境大臣賞を受賞した
大岐阜ビルに本社を置く岐阜プラスチック工業

あとがき

　年を重ねるにつれ、何か自分史的なものを書き残したいと思っていたところ、タイミングよく中部経済新聞社から〝マイウェイ〟という自分の半生を綴ったシリーズものがあるので書いてみませんかというお誘いを受けた。2ヵ月の連載で日曜日を除くほぼ毎日掲載されるとのことで多少重圧は感じたが、考えればこんな機会は滅多にないことであり快諾した。

　さて改めて自分の半生を振り返ると、それほどドラマティックな出来事もなく果たして毎日紙面を埋めることが出来るのだろうかと再び不安にはなったが、辿ってきた人生を感じたまま範跡をなぞるように書けば良いのではないかと考え、筆を進めていった。

　現在の私つまり自分を形作り、ここまで歩んでこれたのも、それぞれ邂逅のあった皆様のお陰であるが、その中でも特に父の影響が強かったと思っている。尊敬すべき人が身近におり、絶えず手本として存在しているという幸運は何ものにも替え難いものであった。

その父について紙面の多くを割いて書いたが結局これが私の心の原点であることを知って欲しかった。かといって父子関係がベタベタとした濃密なものでなく、むしろ淡泊な関係であった。想い起しても特に深い話をしたわけでもなく、まさに親父の背中を見て察し感ずるという関係であった。

しかし多くのことを、そこから学び取り、人生そして経営の師とした。

いかなる時代でも、世の流れは森羅万象すべてが一瞬たりとも止まることなく絶えず変化している。しかしながら、そうであっても変わらないもの、変えてはいけないものもある。それはおのれの哲学であり、経営で言えば自分の経営哲学ではないだろうか。私は経営においてその不易流行の大切さを父から学び、経営に活かした。

地球誕生から45億年余り、人類が誕生して700万年余り、気が遠くなるような歴史を育んできたが、その中で幸運にも人類が英智に恵まれ智の進化が続いている。そんな壮大な歴史からみれば我社の歩みは塵にもならないほど小さなものかも知れないが、これからも社員一人一人としっかりと手を握り合い新たな目標に向って頑張っていきたいと念じています。

令和3年12月吉日

大松　利幸

〈追記〉

2022年3月期連結売上1085億円を達成し、念願の一千億を超えることが出来ました。

＊本書は中部経済新聞に令和3年11月1日から同年12月30日まで50回にわたって連載された『マイウェイ』を改題し、新書化にあたり加筆修正しました。

大松利幸(おおまつ・としゆき)

1970(昭和45)年、慶応義塾大学法学部を卒業し、三菱油化に入社。73(昭和48)年、岐阜プラスチック工業に入社し、専務、副社長を経て、88(昭和63)年、同社と全グループ会社の代表取締役社長に就任。2018(平成30)年から同社と全グループ会社の代表取締役会長を務める。
岐阜市出身。

中経マイウェイ新書056
挑戦のDNA
2022年7月4日　初版第1刷発行

著者　大松 利幸

発行者　恒成 秀洋　発行所　中部経済新聞社

名古屋市中村区名駅4-4-10　〒450-8561
電話　052-561-5675(事業部)

印刷所　西川コミュニケーションズ株式会社
製本所　株式会社渋谷文泉閣

ISBN978-4-88520-241-4